셀프코칭
Self Coaching

오픈 마인드셋

OPEN MINDSET!

내 인생 무대의 주인공으로 살자!

김상언 지음

한경사

저자 **김상언**

울산대학교 식품영양학과를 졸업한 후, IMF 위기 때 서점에서 근무한 이후 자기 계발서를 1,000권 이상 읽고 천직을 찾으면서, 다시 경영대학원에서 입학하여 셀프리더십 관련 논문으로 박사 학위를 취득하고, 〈셀프+인성 리더십 행동 변화 코싱 선문가 프로그램〉을 창안하여 25년째 운영하고 있으며, 현재 울산대학교 경영학부에 재직하고 있다. 저서로는 창업과 경영, 셀프리더십(self-leadership) 등이 있다.

우리나라 교육 과정은 Input에 전념하고 있는데, 이번 저서 『오픈 마인드셋』을 통하여 Output의 중요성을 전 국민에게 알리고, 각자 타고난 끼와 재능을 잘 발휘하여 인생 무대의 주인공을 살아갈 수 있도록 자존감(self-esteem)과 Leadership을 키우고자 한다.

오픈 마인드셋 구호!

우리는/ 셀프·인성 리더!/ 우리가 세상을 바꾼다./

난 참 대단해!/

난 훌륭해!/

난 멋져!/

난 최고야!/

난 끝내줘요!/

남과 다른/ 생각과 행동을 해야/ 남과 다른 사람이 된다./

내가 나를 우습게 보면/ 남도 나를 우습게 본다./

나를 우습게 보지 마라!/

언젠가 내 시대가 온다./

언젠가 OOO의 시대가 온다./

아자! 아자! 파이팅!

| 차례 |

OUTPUT 단계

| 머리말 |

오픈 마인드셋

이 책을 쓴 목적은 당신의 숨겨진 잠재 능력을 발휘하여 원하는 인생을 살아가게 하는 데 있다. 지금까지 살아오면서 타고난 끼와 재능을 피나는 노력으로 능력으로 만들었다면, 이제 그 능력을 오픈 마인드셋으로 보여 줄 수 있는 사람이 되어야 한다.

오늘날 성공한 인물들은 탁월한 능력의 소유자이기에 무대에서 선 것이 아니다. 오히려 자신감으로 무대에 섰기에 존경받는 인물이 된 것이다. 다시 말해서 타고난 능력의 소유자이기에 책을 쓴 사람보다, 책을 집필했기에 존경받는 인물이 된 사람이 더 많다.

아직도 주변 사람들이 당신을 알아주지 않는 것이 타고난 재능과 능력이 부족하기 때문이라고 생각하는가?

이미 당신은 뛰어난 능력의 소유자이다. 하지만 소유하고 있는 그 능력을 보여 줄 기회가 없어서 주변 사람들이 모르고 있다. 이번 기회에 닫힌 마음의 문을 활짝 열고 열린 마음으로 바꿔 보자.

지금까지 능력 계발을 위한 인풋의 중요성만 알고 인생을 살아왔다면 이번을 계기로 아웃풋의 중요성을 깨닫고 오픈 마인드셋으로 제2의 인생을 살아가자. 아무리 똑똑하고 많이 배워도 그 실력을 보여 주지 못하면 무용지물이 되고 만다.

'남에게 들은 것은 잊어 먹기 쉽고, 본 것은 기억하기 쉽고,
남을 가르친 것은 영원히 기억한다.'
'학습자는 반드시 교수자로 거듭나야 한다.'

■ 인풋과 아웃풋

전 세계적으로 여러 나라와 비교해 보았을 때, 특히 우리나라 사람들은 인풋(=학습하기)은 많이 하지만 아웃풋(=보여 주기)을 잘하지 못한다. 그 이유는 태생이 걱정이 많고, 완벽주의 사고로 준비 과정이 길고, 지나치게 겸손하기 때문이다. 일어나지도 않을 걱정을 많이 하는 국민이다. 어느 정도 준비가 되면 먼저 시작하고 나중에 조금씩 보완해도 늦지 않다. 오히려 지나친 준비 과정은 끼와 재능을 발휘하는 데 걸림돌이 된다.

이제 4차 산업혁명 시대적 상황에 맞게 인풋 하는 자세와 태도도 바꿔야 한다. 하루빨리 남과의 경쟁의식에서 벗어나야 한다. 과거에는 무조건 경쟁해서 1등만 하면 인정을 받았다. 하지만 이보다 더 중요한 것이 있다.

'스스로 만족하고 행복하지 못하면 의미가 없다.' 경쟁에서 1등 하는 것보다 더 중요한 건 비교할 수 없는 '개성 있는 삶'이다.

앞으로는 '차별화된 삶'이 더 중요하다. 인생은 결과보다 과정이 재미있고 의미가 있어야 한다. 과거에는 수단과 방법을 가리지 않고 상대를 이기는 게 목적이었다. 지금은 서로 화합하여 '어떤 도움을 주고받았는지? 어떤 선한 영향력을 끼쳤는지?'가 더 중요하다.

이제 경쟁할 시간에 서로 힘을 모아 창조할 생각을 해야 한다. 경쟁의 시대는 지나갔고, 창조의 시대가 도래하였다. 과거에는 작은 파이 하

나를 두고 서로 싸웠다. 앞으로는 서로 협력하고 소통하여 더 큰 파이를 만들어서 나눠 가질 수 있는 현명한 인재가 되어야 한다.

안타깝게도 아웃풋은 우리나라 교육 과정에서 중요하게 다루지를 않는다. 배움, 즉 인풋을 통해 재능을 능력으로 갈고닦아도 그 능력을 끄집어낼 힘이 부족하여 인풋 대비 아웃풋이 안 된다. 결국, 갈고닦은 능력을 주변 사람들에게 보여 주지 못하면 아무 소용 없다.

그렇다면 어떻게 해야 인풋 대비 아웃풋을 잘할 수 있을까?

가장 효율적인 방법은 의식 수준과 자존감을 높이고, 리더십 역량을 키우고, 말하기 위해 무대에 서고, 글쓰기 실력을 키워서 SNS를 통한 마케팅 하는 방법을 배워야 한다. 하지만 아쉽게도 교육 현실은 필기시험만으로 아웃풋하고 있다. 전 세계 유명 대학은 말하기와 글쓰기, 리더십, 마케팅 역량을 최우선 과제로 두고 가르치고 있다. 이제 우리도 갈고닦은 실력을 거리낌 없이 무대에서 보여 줄 수 있는 오픈 마인드셋으로 타고난 끼와 재능을 마음껏 발휘할 수 있는 인재로 거듭나야 한다.

이 책은 독자 여러분의 숨겨진 끼와 재능을 발견할 수 있도록 도와줄 것이다. 그리고 그 재능을 능력으로 바꾸는 방법도 소개할 것이다. 마지막으로 그 능력을 발휘하는 힘을 키울 수 있도록 도와줄 것이다. 우리는 각자 타고난 끼와 재능의 소유자이다. 이런 끼와 재능을 제대로 분석한 후 그에 맞는 학습을 통해 원하는 분야에 전문가로 활동할 수 있다. 이제 어느 정도 준비 과정을 마쳤다면 단 한 번뿐인 인생 무대를 각자 원하는 분야에서 주인공으로 살아가야 하지 않을까 생각한다.

이 책은 크게 두 영역으로 구성되어 있다. '인풋과 아웃풋'이다. 자기 분석을 통한 전문가가 되기 위한 학습 영역인 인풋과 말하기와 글쓰기, 리더십 역량 강화와 마케팅 영역인 아웃풋이다. 먼저 자기 분석을 통해서 생각하기, 장단점 분석, 자아 정체성 확립, 관심 분야와 꿈 찾기를 한 이후, 목적성 있는 학습과 독서를 통해 전문가의 길을 갈 수 있도록 안내할 것이다. 그리고 인풋으로 어느 정도 전문가의 실력을 쌓았다면 아웃풋 하는 방법을 알려 줄 것이다. 예를 들면 리더십 함양, 논리 정연한 말하기와 글쓰기, 무대 스포트라이트 받기, SNS 활동으로 홍보하기 등 스스로 갉고 닦은 실력을 발휘할 수 있도록 도와줄 것이다.

■ 책 읽는 요령

이 책은 저자의 암묵지가 형식지로 전환되어 문장으로 표현되었듯이, 독자 여러분도 이 책을 통해 해박한 지식이 다시 암묵지에서 형식지로 전환되어 저자보다 더 월등한 전문가로 거듭나길 소망한다. 흔히 하는 말로 자기 계발서 내용은 누구나 알고 있는 사실인데, 실행력이 부족하다는 말을 많이 한다. 만약 매번 자신과 싸움에서 지고 살아왔다면 아래의 명언을 매일 반복해서 낭독해 보자.

"하고 싶은 마음이 생길 때까지 기다리지 말고,
하기로 했으면 바로 실천하자."

요즈음 시대를 전문가만이 살아남는 개성이 강한 시대라고 한다. 이제 명성이 높은 전문가로 거듭나려면 '집중! 반복! 끈기!'를 갖춘 실력자가 되어야 한다. 이루고 싶은 목표를 명확하게 세워서 집중하고, 그 목표를 달성하기 위한 관련 전문 지식을 반복해서 쌓고, 성과가 나올 때까지 끈기 있게 도전해야 한다. 그러면 머지않아 개성이 넘치는 탁월한 나만의 브랜드를 갖춘 전문가로 거듭날 수 있다.

부디 독자 여러분도 숨겨진 '끼와 재능'을 깨워서 존경받는 인물로 성장하길 간절히 바란다. 그리고 책을 읽다가 마음속으로 감동이 전해지는 문장이 나오면 밑줄을 긋고 노트에 기록해 보자. 책 속의 핵심 내용을 정리하기 위함도 있지만, 다시 반복해서 읽을 때 시간 낭비를 줄이기 위함도 있다.

마지막으로 이 책을 읽고 인생의 큰 변화를 경험했다면 그 기쁜 소식을 혼자만 알고 있지 말고, 카페나 블로그, 유튜브 댓글로 남겨 주길 바란다. 온라인에 셀프+인성리더십 행동 변화 코칭 전문가 김상언이라고 검색하면 나온다.

■ 기대 효과

이 책을 읽고 제대로 실천한다면 스스로 얼마나 대단한 존재인지 깨닫게 될 것이다. 그리고 소심한 성격에서 완전히 벗어나 타고난 잠재능력을 깨울 수도 있을 것이다. 지금까지 해결할 수 없었던 수많은 문제는 해결책을 찾고, 미래에 꿈꾸고 있는 꿈은 실현되어 '행복, 성공, 자유, 건강'을 누리게 될 것이다.

'과거가 있는 사람은 용서할 수 있어도, 미래가 없는 사람은 용서할 수 없다.'

지금까지 살아온 과거에 대해서는 질문하지 않을 것이다. 그러나 현재 무슨 생각을 하고 있는지? 어떤 미래를 꿈꾸고 있는지? 물어볼 것이다. 과거의 실패는 인생의 교훈으로 삼고, 오직 현재의 삶을 충실하게 살아갈 수 있도록 도와줄 것이다. 간절히 원하는 꿈이 실현될 수 있는 그 지혜를 선물할 것이다. 그러니 자신의 숨은 끼와 재능을 과소평가하여 발휘하지 못하는 우를 범하지 않도록 주의하자.

'남과 다른 생각과 행동을 해야 남과 다른 사람이 된다.'

꿈만 크게 세워 놓고 과거와 똑같이 생각하고 행동하면서 미래가 달라지기를 원하는 '욕심쟁이'가 되지는 말자. '나이가 많아 이번 생은 틀렸다.'라는 생각이 들 때가 어쩌면 가장 빠른 시기인지도 모른다. 왜냐하면, 오늘이 내 인생에서 가장 젊은 날이기 때문이다. 지금까지 살아온 날들도 중요하겠지만 앞으로 살아갈 날은 더욱더 중요하다. 하루빨리 더 큰 꿈을 향해 도전해 보자.

OPENING 단계

PART

0

왜 인풋보다 아웃풋이 중요할까?

"천재는 넘쳐나지만 자신감 있는 사람은 드물다."

– 김상언

왜 아웃풋이 중요할까?

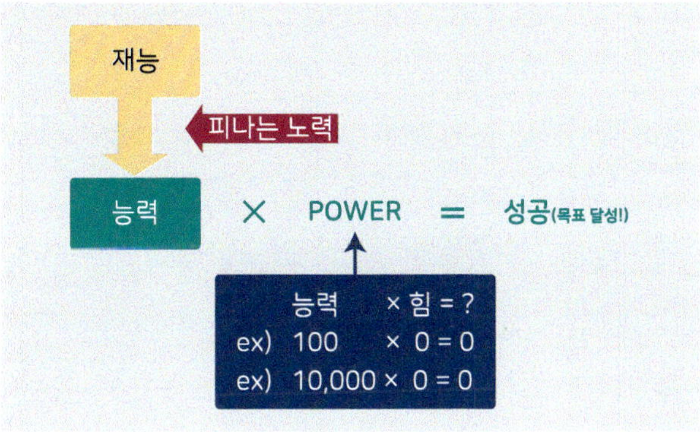

우리의 삶은 끊임없이 경쟁(competition)의 연속처럼 보인다. 경쟁에서 태어났기에 또 죽을 때까지 경쟁하다가 생을 마감해야만 할 것 같다. 이런 무한 경쟁의 시대에 남과의 경쟁에서 이기기 위해 노력만 하다가는 결국 마음의 상처만 남아 자존감은 바닥으로 곤두박질치게 된다.

'이제 경쟁은 그만하고 창조의 마인드셋으로 전환해야 한다.'

진정한 경쟁은 남과의 경쟁이 아니다. 어제의 부족한 나보다 조금 더 성장하면 된다. 그렇다면 어제의 나보다 더 나은 나를 만들기 위해서는 어떤 노력을 해야 할까?

각자 부모에게 물려받은 타고난 끼와 재능을 발휘할 수 있어야 한다. 유전적으로 타고난 '재능(Talent)'은 피나는 노력으로 활용 가능한 '능력(Ability)'으로 바꿔야 한다. 다음엔 그 능력을 끄집어내기 위한 힘(Power)이 있어야 한다. 그래야만 갈고 닦은 그 능력을 '보여 줄 수 있기(=Open Mindset)' 때문이다.

다시 정리하면 부모에게 받은 타고난 재능을 피나는 노력으로 활용 가능한 능력으로 바꾸는 과정이 인풋(Input)이고, 그 능력을 밖으로 끄집어내는 것이 아웃풋(Output) 이다. 여기서 말하는 피나는 노력은 '학습과 독서'를 의미하고, 능력을 밖으로 끄집어내는 역할을 하는 힘의 영역은 '말하기, 글쓰기, 리더십, 마케팅, 개인 브랜드 전략'이다.

아쉽게도 우리나라 교육은 타고난 재능을 능력으로 만드는 것까지는 가르치고 있지만, 그 능력을 발휘할 수 있는 '힘(Power)'의 영역에 관해서는 등한시하고 있다. 이렇다 보니 타고난 재능을 피나는 노력을 통해 능력으로 만들어 놓아도 밖으로 끄집어낼 힘이 부족해서 관속에 묻히고 만다. 참으로 안타까운 현실이다.

자신의 타고난 끼와 재능을 발휘하기 위해서는 다음 세 가지 질문에 답할 수 있어야 한다.

당신의 타고난 재능은 무엇인가?
그 재능을 능력으로 바꾸는 방법은 무엇이라고 생각하는가?
그 능력을 발휘하는 힘은 무엇이라고 생각하는가?

대부분 앞선 질문에 답을 찾기보다는 '성공한 사람들은 나보다 뛰어난 재능의 소유자일 거야.'라는 자기합리화로 위안 삼는 사람들이 많다. 하지만 자기합리화의 귀재 속에서는 그 해답이 있을 수는 없다. 먼저 누구나 타고난 무한한 잠재 능력의 소유자임을 깨달아야 한다. 그래야지만 현재 가시적으로 눈에 보이는 능력에만 초점을 맞추지 않고 숨겨진 잠재 능력까지도 발휘하려고 노력하게 된다.

사람은 대부분 자신의 타고난 재능(talent)에 대해서 알지 못한다. 그것을 알기 위해서는 끊임없이 배우고 경험해 볼 수밖에 없다. 때론 실패를 각오하고 도전하면서 찾아야 하고, 가끔 주변 사람들의 칭찬 속에서도 찾아야 한다. 하지만 사람들은 타고난 재능을 피나는 노력으로 활용 가능한 능력으로 만들어 놓아도 잘 발휘하지 못하는 경우가 많다.

예를 들어, 누군가가 타고난 재능을 피나는 노력, 즉 학습으로 능력이 100이 되었다고 가정해 보자. 하지만 그 능력을 끄집어낼 힘(power)이 '0'이면 결국 그 사람의 성공 가능성은 '0'이 되는 셈이다. 좋은 대학을 나오고도 보통 사람으로 살아가는 이유 중 하나가 바로 이런 능력을 끄집어낼 '힘(power)'이 부족하기 때문이다.

당신의 능력을 과소평가하지 마세요!

INPUT 단계

PART 1

자기 분석
나는 누구인가?

"인생은 내가 무엇을 좋아하고, 잘하고, 이 사회에 이바지하고 싶은지 찾는 과정이다."

– 김상언

STEP 01

생각의 중요성

"현재의 내 모습은 과거의 내 생각이고,
미래의 내 모습은 현재의 내 생각이다."

– 김상언

만약 누군가가 "당신은 왜 성공하지 못했나요?"라는 질문을 한다면 어떤 답변을 하겠는가? "노력하지 않았어요." "능력이 부족했어요." "밀어주는 사람이 없었어요." "학력이 부족했어요."라고 말을 하고 싶을 것이다. 하지만 이런 답변은 기대한 '정답'이 아니다.

듣고 싶은 정답은 "성공하겠다고 매일 '생각'하지 않았어요."라는 말이다. 어떻게 보면 며칠은 생각했을 수도 있다. 하지만 분명한 사실은 매일 생각하는 사람은 드물다. 이런 성공의 기본 원리를 깨닫고 매일 실천하는 사람들은 미래의 엄청난 변화를 보여 '성공· 행복· 자유· 건강'을 누리며 인생을 살아가게 된다.

생각은 중요하다. 매일 무슨 생각을 하면서 살아가느냐에 따라서 한 사람의 운명이 결정되기 때문이다. 인생은 생각대로 만들어진 보증 수표이다. 생각의 크기에 따라서 인생의 크기도 달라지기 때문이다.

랠프 월도 에머슨은 '온종일 생각한 대로 존재한다.'라고 주장했다. 노만 빈센트 필은 '인간이란 자기가 오랫동안 상상해 왔던 그대로의 인간이 되기 쉽다. 자신에게 얼마만큼의 능력이 있다고 생각한다면 그만한 능력을 갖춘 사람이 될 수 있다. 자신이 상상한 대로 자기가 된다.'라고 강조했다. 셰익스피어는 "좋거나 나쁘거나 하는 것은 없다. 다 생각하기 나름인 것이다."라는 말을 했다. 이처럼 사람의 생각은 가치관을 결정하는 기초가 되고 그 가치관은 다시 현존하는 삶의 질을 결정하게 된다.

사람들은 자신의 타고난 끼와 재능을 의심할 경우가 많다. "왜 암기가 잘되지 않는 걸까? 왜 좋은 아이디어가 떠오르지 않는 걸까?" 그러나 대부분은 머리와는 별 상관이 없다. 간혹 좋은 머리를 어릴 때부터 타고나는 사람도 있다. 하지만 대부분은 후천적인 노력과 경험을 통해 두뇌가 성장하고 발달한다. 그런데 똑같은 경험을 하고도 다른 결과가 나오는 것은 무슨 이유 때문일까? 그것은 관점의 차이가 나기 때문이다.

평소 일반인들에게 꿈이 무엇이냐고 질문하면 한참을 생각하고 나서야 간신히 대답한다. 이에 반해 성공한 사람들은 항상 머릿속에서 꿈을 생각하고 있기에 바로 3초 만에 대답한다.

밤하늘의 별똥별이 떨어질 때 소원을 빌면 이루어진다는 말을 들어본 적 있을 것이다. 하지만 별똥별이 떨어질 때 소원을 빌 수 있는 사람은 그리 많지 않다. 왜냐하면, 꿈을 떠올리기도 전에 이미 별똥별은 몇 초 안에 떨어지고 없기 때문이다. 별똥별이 떨어질 때 소원을 빌 수 있는 사람은 다름 아닌 매일 자신의 꿈을 머릿속에 상기시키고 살아가는 사람들이다. 이런 사람들은 원하는 꿈과 목표를 달성하고 성공 대열에 낄 수 있다. 별똥별이 떨어질 때 교묘한 기(氣)가 나와서 원하는 꿈을 이룰 수 있도록 도와준다고 생각하면 착각이다.

'평소에 무슨 생각을 가장 많이 하고 있는지?' 스스로 자주 질문해 보아야 한다. 내 생각이 미치는 곳에 성공의 지름길이 숨겨져 있기 때문이다.

톨스토이는 "모든 것은 생각 속에 있다. 생각은 만물의 근원이다. 완성에 이르는 가장 중요한 길은 '생각'을 잘 지배하는 능력이다. 세상에서 가장 강한 사람은 생각과 감정을 극복한 사람이다."라는 말을 했다. 이처럼 위대한 업적을 남긴 사람들은 다른 사람들보다 더 뛰어난 실력의 소유자가 아니라, 어쩌면 더 큰 결과를 매일 생각했기 때문인지 모른다.

정주영 회장의 일화 중에 이런 내용이 전해져 온다. 비서와 함께 해외 출장을 다녀오는 길에 항공기 내 창문으로 울산 앞바다를 보면서 이런 감탄 섞인 말을 했다.

"와우, 돈이 세 삐리 깔렸구나!" 옆에 타고 있던 비서가 놀라 창문을 보면서 질문한다. "회장님! 어디요? 어디?" 정회장은 이 기회를 놓칠세라 비서에게 이렇게 말했다. "미안하지만 자네 눈에는 안 보이네!" 왜 비서의 눈에는 보이지 않고 정주영 회장의 눈에만 보이는 것일까? 그것은 바로 사람마다 관심사와 생각이 다르기 때문이다.

'생각은 살아 있는 자석이다.'라는 말이 있다. 양자역학에 따르면 간절히 원하는 생각은 전자보다 작은 양자가 우주에 떠다니다가 어떤 물질의 형태로 바뀌어 현실 세계에 반영된다는 이론이다. 물론 아직 과학적으로 완전히 증명된 사실은 아니다. 하지만 많은 사람이 이런 끌림 현상을 경험하고 성공자의 대열에 오를 수 있었다. 간절한 생각은 사람이나 사물을 삶으로 끌어들인다. 살면서 무슨 생각을 하면서 살아가느냐는 상당히 중요한 요소가 될 수밖에 없다.

'생각은 마음의 씨앗이고, 마음은 실행의 그릇이며, 소유는 실행의 열매이다.'

앞서 말한 명언처럼 모든 결과물은 바로 좋은 생각에서 나온다. 평소에 많이 생각한 것이 곧 미래의 운명이 되는 만큼 긍정적인 생각으로 선한 영향력을 행사할 수 있도록 노력해 보자.

사람의 가치는 지금까지 살아온 과거의 업적으로 모든 게 평가되는 것이 아니라, 미래에 꿈꾸고 있는 꿈의 크기에 따라서 그 가치 또한 변한다. 현재 눈에 보이는 가치가 다가 아니다. 미래에 꿈꾸고 있는 꿈의 크기에 따라서 사람의 가치가 다르게 평가된다. 그래서 절대 잊지 말아야 할 꿈과 연관된 명언이 있다.

'나의 가치는 꿈의 가치다.'

즉, 꿈의 크기대로 몸값도 달라진다. 그러니 살아온 과거에 얽매여 '제한된 믿음'으로 미래의 꿈이 작아지면 절대 안 된다. '과거는 이미 흐르는 물처럼 흘러갔고 다가올 것은 미래뿐이다.' 살아온 날들보다 앞으로 살아갈 날이 더 중요하다. 그러니 미래의 꿈을 현실에 반영하여 열심히 도전하면 된다.

시인이자 사상가인 랠프 월드 에머슨이 말하길 '그 사람이 생각하고 있는 것이 곧 그 사람의 정체다.'라는 명언을 남겼다. 이 명언의 뜻을 해석해 보면 원하든 원하지 않든 현재의 생각대로 미래의 삶을 살게 된다는 것이다. 이는 곧 미래를 바꾸고자 한다면 '현재의 생각을 바꾸면 된다.'라는 뜻을 내포하고 있다.

'현재의 내 모습은 과거의 생각에서 비롯된 것이고, 미래의 내 모습은 현재의 생각에 달렸다.'

알베르트 아인슈타인도 "생각은 고통이다. 그러므로 평범한 사람은 생각을 잘 안 하려고 한다."라는 말을 했다. 사람들은 생각하길 귀찮아한다. 평소 생각대로 인생을 살아가기보다는 사는 대로 생각하면서 편안한 삶을 추구하려고 하는 이유가 바로 여기에 있다.

프랑스 소설가 폴 부르제도 '생각하는 대로 살지 않으면 머지않아 사는 대로 생각하면서 살아가게 될 것이다.'라는 말을 했다. 각자 간절히 바라는 큰 꿈을 세우고 살아야 한다. 만약 그렇지 않고 현실에 안주하고 살아간다면 꿈은 실현되기 어렵다. 꿈 너머에 더 큰 행복이 숨어 있다는 사실을 까맣게 잊으면 우물안에 개구리처럼 살아갈 수밖에 없다.

아시아 최고이며 세계적인 부자로 손꼽히는 사람이 있다. 홍콩 창업자인 리자청(李壽誠)이라는 인물이다. 그는 1950년, 장난감과 가정용품을 생산하는 플라스틱 공장을 시작으로 재벌그룹을 만들어 낸 입지전적인 사람이다. 한번은 그가 대학의 개교식에서 이런 말을 했다.

'인간은 첫째로 뜻이 있어야 하고, 두 번째는 지식이 있어야 하고, 세 번째는 흔들리지 아니하는 마음이 있어야 한다.'

여기서 흔들리지 않는 마음을 갖고 있느냐 없느냐는 상당히 중요하다. 현실 세계에서 수없이 많은 유혹에 노출되어 살다가 보면 자신도 모르게 생각의 초점이 흐려지기 쉽다.

그렇다면 이런 생각의 초심을 잃지 않기 위해서는 어떤 노력을 하면 좋을까? 매일 관심사를 떠올리는 시간을 가져야 한다. 평소 자주 떠올리는 생각이 곧 나의 미래가 되기 때문이다. 똑같은 환경 속에서도 같은 걸 보는 것이 아니라, 각자의 관심사만 본다.

왜 이런 현상이 일어나는 것일까? 망상 활성계(Reticular Activating System)가 작동하기 때문이다. 한 마디로 뇌가 '선택적 집중'을 하는 것이다. 뇌는 시시각각 들어오는 많은 양의 정보들을 일일이 상대할 필요가 없기 때문이다. 오감을 통해서 받아들이는 무수히 많은 정보 중에서 특히 관심 있는 정보만 추출하는 일종의 여과 장치가 작동한다. 보고, 듣고, 느끼고, 맛보는 모든 것이 RAS를 통과한다. 이때 평소 가장 많이 생각하고 있는 것만 눈에 보이고 다른 것은 관심이 없는 사항이라 보이지 않게 되거나 느끼지 못하고 들리지도 않게 된다. 이런 뇌의 기능을 잘 이해하고 활용하면 목표를 이루는 데 크게 도움이 된다.

의식적으로 집중하고 있는 관련 정보만 간추려서 보이게 만들어 주기 때문이다. 이루고 싶은 목표를 매일 상상하고 생각하면 그것을 달성하기 위한 정보를 뇌가 무의식적으로 찾게 된다. 또한, 이루고 싶은 꿈을 시각화하는 데도 도움이 된다. 뇌는 실제 일어난 일과 상상을 잘 구분하지 못한다. 상상한 것도 실제 일어난 것처럼 기억하기 때문이다. 간절히 원하는 꿈을 매일 시각화하는 연습은 실제 기억으로 각인되고 망상 활성계의 필터의 기능을 바꾸게 만든다.

'관심이 있으면 생각하게 되고, 생각하다 보면 마음이 쏠리게 되고, 마음을 쏟다가 보면 행동하게 되고, 행동을 반복하다가 보면 습관이 된다.'

이렇듯 사람은 습관에 의해서 성공과 실패를 판가름 나게 한다. 좋은 습관이 많으면 성공할 것이고, 나쁜 습관이 많으면 실패할 수밖에 없다. 이 모든 습관의 시작은 '집중하는 생각'에서 싹이 튼다. 성공한 사람들은 생각하는 대로 살아가고, 실패한 사람들은 사는 대로 생각하면서 살아간다. 후자에 속하는 사람이 될지 전자에 속하는 사람이 될지 전적으로 각자 선택적 생각에 달렸다. 한가지 꼭 기억해 두어야 할 점이 있다.

'좋은 습관은 억지로 해서 형성되고, 나쁜 습관은 저절로 형성된다.'

STEP 02

자기 분석

"자기 분석 없이 이룬 큰 성공은 아무 의미가 없다."

–김상언

자기 분석 없이 꿈과 목표를 세우거나 대학을 선택하면 어떻게 될까? 나중에 가서 크게 후회를 하게 된다. 어쩌면 전혀 원하지도 않는 전공을 선택하고 공부할 수도 있고, 적성에도 맞지 않는 직업을 선택해서 취업할 수도 있다. 이런 불상사를 예방하기 위해서는 무엇보다 정확한 자기 분석을 통해서 어떤 분야에 집중과 몰입하고, 학습하고, 끈기 있게 도전할 것인지 여유를 갖고 스스로 분석해 볼 필요가 있다. 만약 이 과정을 생략하고 지금 당장 눈앞에 보이는 성과를 보고 달려든다면 결국 천직을 찾는 데 실패할 확률이 높다. 인생의 성공과 행복, 자유와 건강을 유지하고자 한다면 시간적 여유를 갖고 자기 분석을 제대로 실행해 보자.

■ 자아 정체성

사람은 아무런 존재감 없이 태어나서 자기만의 특별한 자아 정체성을 확립하고 살아간다. 만약 성숙한 어른이 되었어도 제대로 된 자아 정체성이 확립되어 있지 않다면 지금까지 살아온 인생은 단지 모래성에 불과하다. 언제 파도가 밀려와서 무너질지 모르는 불안한 삶의 연속이다. 이처럼 올바른 자아 정체성을 확립하고 인생을 사는 것은 무엇보다 중요하다. 그렇다면 어떤 가치관을 가져야만 흔들림이 없는 올바른 자아 정체성을 확립할 수 있을까?

먼저 자아 정체성이란 무엇인지 정의부터 제대로 알고 넘어가자. 자아 정체성이란 자신의 성격이나, 취향, 능력, 관심, 가치관, 인생관에 대하여 형성하고 있는 심리적 상태를 의미한다. 자아 정체성이 올바르게 형성되어야 꿈을 갖게 되고 의지력도 생기게 된다.

자아 정체성은 크게 두 가지로 분류된다. 측정 가능한 자아 정체성과 측정 불가능한 자아 정체성이다. 또한, 자아 정체성을 단계별로 분류를 하면 3단계 나뉜다. 측정 가능한 자아 정체성은 저차원의 자아 정체성이고, 측정 불가능한 자아 정체성은 고차원의 자아 정체성을 의미한다. 그리고 측정 불가능하면서도 이타심을 반영한 것이 초고차원의 자아 정체성이다.

저차원의 자아 정체성에 속하는 요소는 성적, 자격증, 자산, 학벌, 외모, 직위 등이 여기에 속한다. 이에 반해 고차원의 자아 정체성은 '의미와 가치성'을 나타내는 영역으로 꿈, 성격, 관심 분야, 적성, 특기, 장단점, 가치관 등이 여기에 속한다. 그리고 고차원의 자아 정체성보다 한 차원 더 높은 초고차원의 자아 정체성 영역이 있다. 그것은 무엇일까? 바로 사랑, 나눔, 희생, 헌신, 봉사, 배려, 감사 등이 여기에 속한다.

저차원의
자아 정체성

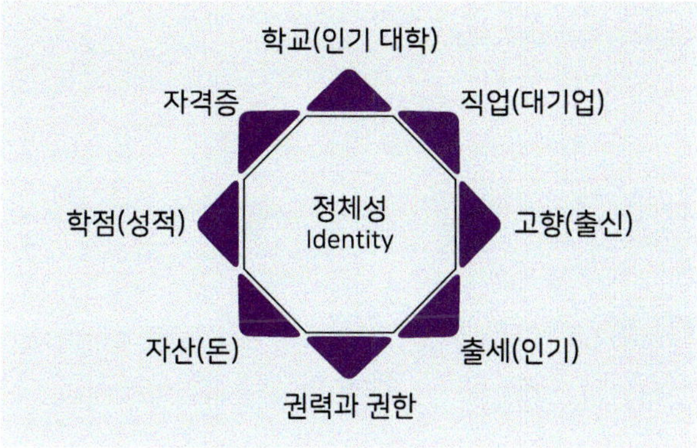

고차원의
자아 정체성

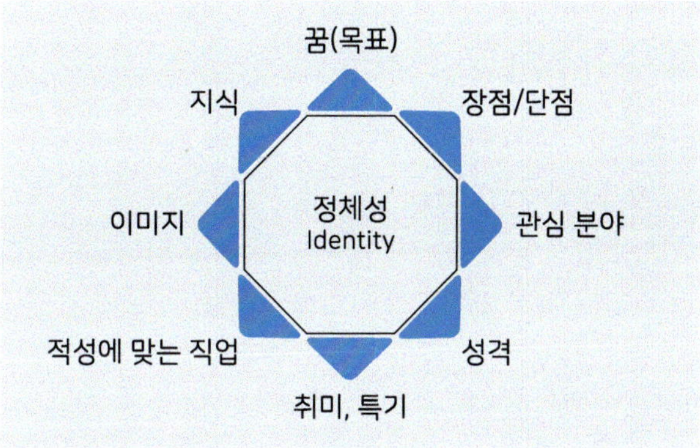

초고차원의
자아 정체성

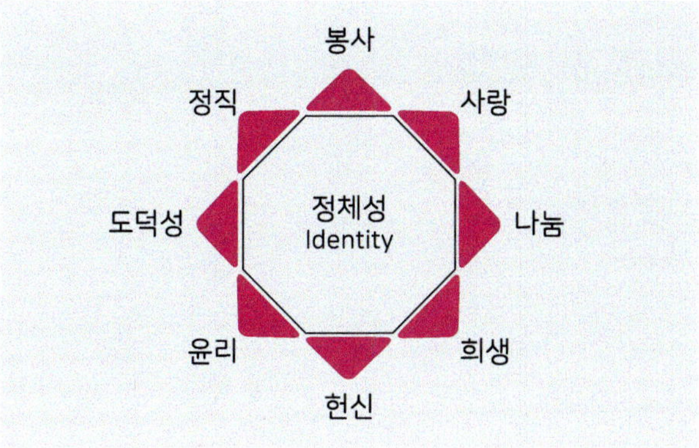

지금까지 우리는 저차원의 자아 정체성을 만들기 위해 매진해 왔다고 해도 과언이 아니다. 남들과 비교하고 경쟁해서 꼭 이겨야만 형성되는 자아 정체성에 목숨을 걸고 살아온 것이다. 10대에서 20대까지는 본능적으로 저차원의 자아 정체성에 심취되어서 성장할 수 있다. 하지만 30대에서 40대가 되면 고차원의 자아 정체성으로 갈아탈 수 있어야 한다. 그리고 더 나아가서는 초고차원의 자아 정체성을 확립하고 인생을 살아가야지만 후회가 덜한 인생을 살아가게 된다.

■ 관심 분야

사람마다 관심 분야는 획일적이지 않고 천차만별이다. 그런데도 자기만의 관심 분야가 무엇인지 몰라서 헤매고 있는 사람들이 많다. 그렇다면 자신만의 관심 분야를 찾아야 하는 이유는 무엇일까?

그 속에서 '직업'을 찾고 '꿈'을 찾을 수 있기 때문이다. 관심이 있다는 건 한 마디로 그 분야에 매력을 느끼고 이끌린다는 뜻이다. 한 번 집중하면 시간 가는 줄 모르고 빠져든다는 의미다. 남들에게는 어렵게 느껴지는 일도 자신에겐 보람과 재미로 여겨진다. 사실 학교에서 공부하는 것도 자신만의 관심 분야를 찾기 위한 과정이다. 다양한 과목을 공부하면서 어떤 과목이 나에게 맞는지 찾아야 한다. 하지만 아직도 그런 교육환경이 조성되어 있지 않아서 안타까울 뿐이다.

그렇다면 어떻게 하면 나만의 관심 분야를 찾을 수 있을까? 바로 다양한 분야의 '독서와 경험'이 그 대안이다. 이 방법이야말로 가장 쉽게 나만의 관심 분야를 찾을 수 있다. 어릴 때부터 다양한 책을 읽고 다양한 경험을 하면 된다. 하지만 대부분 그럴 시간이 없다. 학교 진도 따라가기 바쁘고 각종 학원에다가 시험 준비하는 데도 시간이 부족하기 때문이다. 이렇다 보니 자신만의 관심 분야가 무엇인지도 모르고 성적에 맞춰서 전공을 선택하고 대학에 들어간다. 대학교를 졸업할 때까지도 자신의 관심 분야를 모른 채 취업하거나 창업에 뛰어들게 된다. 그리고 난 후 사회생활 하면서 뒤늦은 나이에 깨닫게 된다.

'나의 관심 분야가 대학 시절 공부한 것과 완전히 다르구나.'

이렇게 시간 낭비를 하지 않으려면 지금이라도 늦지 않았다. 바로 가까운 도서관에 가서 가장 재미있게 읽히는 책을 선정하고, 가장 몰입도가 높은 책을 찾아서 읽어야 한다. 그게 바로 나만의 관심 분야이고, 전공이고, 직업이고 천직이 된다.

빌 게이츠에게 성공비결을 물었을 때 이런 말을 했다. "오늘날 나를 존재하게 한 것은 우리 동네 작은 도서관이었다." 그만큼 책을 통해 얻을 수 있는 간접경험이 많았기에 이런 말을 했지 않았을까 생각한다. '책을 읽는 CEO는 절대 망하지 않는다.'라는 말이 있다. 책을 통한 간접경험은 나만의 관심 분야를 찾는 비결인 동시에 성공한 사람들의 비결이다.

■ 장점 분석

누구나 태어날 때부터 장·단점이 없는 사람은 없다. 하지만 어디에 초점을 두고 인생을 살아가느냐에 따라서 판도가 뒤바뀐다. 성공한 인물들은 장점이 많았을까? 아니면 단점이 많았을까? 대부분은 장점을 훨씬 더 많이 소유한 사람이라고 생각하기 쉽다. 그러나 알고 보면 단점을 극복하고 자신의 장점을 살려서 성공 대열에 오른 사람들이다.

예를 들어, 박지성은 축구를 하기에 악조건인 평발의 소유자였으며, 피아니스트 이희아는 손가락 장애가 있지만, 세계를 무대로 활약을 펼치고 있다. MC로 활동했던 박경림은 TV 스타가 되기에 아주 불리한 목소리로 악평을 받았지만 잘 이겨냈다. 박태환 선수도 외국 선수들과 비교해서 수영을 잘할 수 있는 체형은 아니라는 평가를 받았다. 이처럼 많은 사람이 자신의 단점에 주목할 때, 정작 스스로 한계를 긋지 않고 자신의 타고난 끼와 재능을 발휘하여 자신의 장점을 살렸다. 이제 부족한 단점에 초점을 맞추기보다는 이미 소유하고 있는 장점을 발휘하는 것이 더 중요하다. 이 세상에 완벽한 사람은 단 한 사람도 없기 때문이다.

만약 지금보다 더 빠른 성공을 원한다면 단점보다 장점에 초점을 맞추고 노력해야 한다. 자기 분석의 시작은 '나한테 부족한 게 뭐가 있을까?'라는 생각보다는 '내가 남들보다 잘하는 게 뭐가 있을까?'라는 질문부터 해야 한다. 자신의 부족함을 고민하기보다 장점을 찾는 습관이 무엇보다 중요하기 때문이다. 이런 사고의 전환이 숨겨진 자신만의 잠재 능력을 끄집어낼 수 있는 비결과 직결되기 때문이다.

외부의 한 강연 중에 중년쯤으로 보이는 여성분에게 단점이 무엇이냐고 질문했더니 당당히 "골프"라고 대답했다. 그래서 "골프를 치는데 잘 안 되는가 봅니다."라고 다시 물었더니 "골프를 단 한 번도 쳐본 경험이 없다."라고 대답했다. 한 번도 시도해 본 적이 없는 것이 과연 '단점'에 속하는 것일까? 절대 그렇지 않다. 만약 지금까지 시도해 보지 못한 모든 경험을 단점으로 치부한다면 누구나 '자아 상실감'에 빠지게 된다.

세계적으로 유명한 가수로 손꼽히는 사람 중에 앞을 볼 수 없는 악조건에서도 남다른 청각을 이용하여 가수가 된 사람이 있다. 누구일까? 바로 스티비 원더이다. 그의 약점인 시각 장애로 자신의 무능함을 탓했다면 오늘날 가수의 꿈은 절대 이루어지지 않았을 것이다. 그는 자신의 단점보다 장점에 더 많은 시간을 투자한 사람이다.

그는 한 인터뷰에서 "앞이 보이지 않았기에 더 잘 들으려고 애썼으며, 가난한 흑인으로 태어났기에 더욱 열심히 노력했다."라는 말로 심금을 울렸다.

앞으로는 단점에 시간과 에너지를 너무 낭비하지 말고, 잘할 수 있는 분야에 고도의 집중과 몰입하여 대체 불가능한 전문가로 거듭날 수 있도록 하자.

■ 단점 분석

이 세상에서 단점 없는 사람이 과연 몇 명이나 될까? 아마도 단 한 명도 없다. 모두가 크고 작은 단점을 갖고 있다. 하나 확실하게 단언하건대 그 단점의 크기에 따라서 한 사람의 운명도 달라진다.

대부분 크게 성공한 사람들은 보통 사람들보다 더 많은 더 큰 단점에 직면해 있었다. 실낙원의 저자인 밀턴은 시각장애인이었고, 천하를 정복한 알렉산더 대왕은 꼽추였으며, 바다의 제왕 넬슨 제독과 유럽을 제패한 나폴레옹 그리고 대문호 셱스피어 등 이들에겐 다리에 이상이 있었다고 한다. 발명왕 에디슨은 어릴 적에 구제 불능의 바보 소리를 듣고 자랐으며, 아인슈타인은 중학교 시절 수학에서 낙제 점수를 받았다. 한마디로 남다른 단점의 소유자였지만 이것을 이겨내고 더 좋은 기회로 활용했기에 성공할 수 있었다.

산이 높으면 높을수록 골이 깊다. 꿈이 크면 클수록 더 많은 어려움에 맞서 싸워야 한다. 하지만 사람마다 생각하기 나름이겠지만 가로막는 난관이 많으면 많을수록 신이 나에게 더 좋은 기회를 준다고 생각해 보

자기 분석

나의 장점과 단점을 분석해 보고, 장점을 더 살릴 수 있는 사람이 되자. 그러면 훨씬 더 빠르게 전문가로 인정받을 수 있다. (주의: 단점보다 장점을 더 많이 적어 보자.)

나의 장점(남다른 강점)	나의 단점(극복할 약점)
1. 동기부여 능력 (롤모델 역할)	1. 개인 브랜드 인지도 부족
2. 긍정적인 사고 (낙천적인 사고)	2. 인프라 부족
3. 강의와 설득 기술 (대중 스피치 노하우)	3. 홍보 부족
4. 인성 리더십 역량 (정직과 윤리적인 삶)	4. 완벽주의 근성
5. 강한 멘탈 소유자 (신뢰, 믿음, 확신)	5.
6. 셀프+인성리더십 전문성 (행동 변화 코칭 전문가)	6.
7. 큰 꿈의 소유자 (세계적인 대중 연설가)	7.
8. 끈기와 부지런함 (끝까지 도전하는 정신)	8.
9. 기업가 정신 (모험심과 도전 정신)	9.
10. 책 쓰기 기술 (어휘력과 간결한 문장력)	10.

자. 어려운 문제에 직면했어도 절대 포기하지 않고 도전한다면 그 결과는 아무도 모른다. 사람은 작은 돌부리에 넘어졌으면 넘어졌지 큰 산에 걸려 넘어지는 법은 없다. 아주 작은 문제를 잘 해결하다가 보면 나중에는 더 큰 어려움도 극복하는 힘이 생긴다.

프랑스의 화가 르누아르는 말년에 류마티스 관절염으로 몹시 괴로워했다. 붓을 한번 움직일 때마다 고통스러워하는 그의 얼굴에는 땀방울이 맺혔고 어떤 때는 일어설 수조차 없어서 꼼짝달싹 못 하고 오랫동안 의자에 앉아서 그림을 그렸다. 이러한 고통이 그를 괴롭혔지만, 미술사에 영원히 남을 만한 아름다운 걸작품을 그려냈다. 그가 고통을 참으며 그림을 그리는 모습을 보고 안타깝게 여긴 친구가 물었다. “자네는 왜 그렇게 자신을 괴롭히는 일을 계속하는 것인가?” 르누아르는 땀을 뻘뻘 흘리며 대답했다.

“고통은 지나가 버리지만 아름다움은 영원하기 때문이지.”

이처럼 삶을 소중하게 여기는 사람들은 고통도 감내해 가면서 자신만의 삶을 걸작품으로 만들어 놓게 된다.

나 역시 천직을 찾게 된 그 비결은 단점을 극복하면서 시작되었다. 처음부터 성격이 외향적이고 활달했다면 타고난 끼와 재능을 발휘하는 데 큰 어려움을 느끼지 못해 인풋 대비 아웃풋의 소중함을 몰랐을 것이다. 이처럼 직업은 사람들의 문제를 해결하는 과정에서 만들어진다. 앞서 말한 장점을 살려서 직업을 찾든, 단점을 극복하여 천직을 창안해내든 모든 직업과 천직은 사람들의 어려운 문제와 고민거리를 해결해 주는 과정에서부터 찾게 된다. 어떤 제품과 서비스에 대한 문제의 해결책을 제시해 주고, 가치를 제안해 낼 수 있을 때 그 직업에서 전문가로 인정받을 수 있다. 결국, 어떤 어려운 문제도 반드시 그 해결책은 존재하기 마련이고, 타고난 자신만의 콤플렉스도 극복하기 나름이다. 피하고 포기하지만 않는다면 극복하지 못할 어려운 문제는 없다.

■ 천직 찾기

인생을 살면서 자신이 좋아하는 일과 잘하는 일 그리고 세상이 필요한 일을 하면서 돈을 벌 수 있다면 이것이 바로 천직이다. 많은 사람이 궁금해 하는 질문이 있다. "좋아하는 일을 해야 할까요? 아니면 잘하는 일을 해야 할까요?" 물론 정해진 인생의 정답은 없다. 가장 현명한 선택

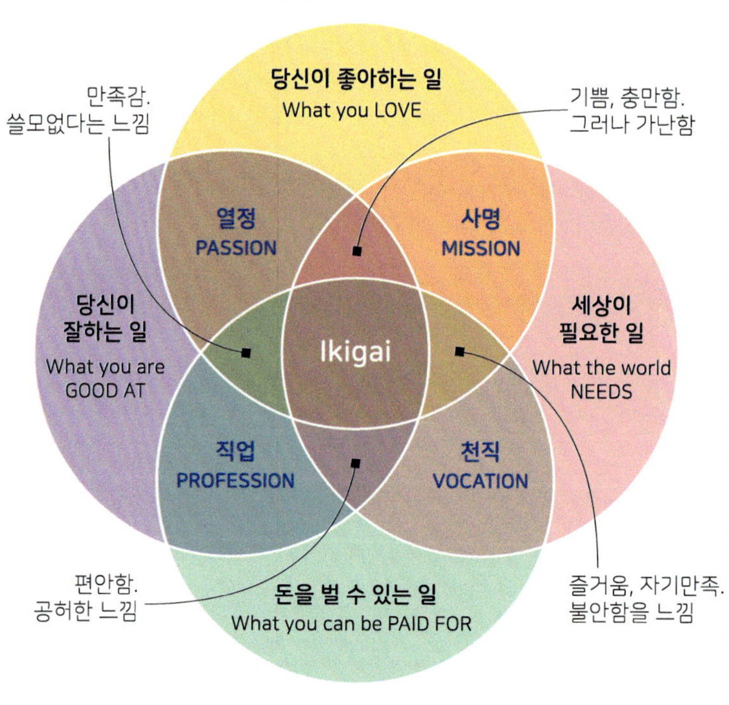

은 좋아하는 일인데 잘하지 못하면 하루빨리 잘하는 일에서 직업을 찾아야 한다.

이키가이(Ikigai)는 일본에서 유래된 '사는 보람'이라는 의미를 담고 있다. 인생을 살면서 목적과 의미를 깨닫고 좋아하고 잘하는 일 세상이 필요로 하는 일을 하면서 돈을 벌 수 있어야 한다는 것을 깨닫게 한다. 단순한 행복이나 즐거움을 넘어 깊은 내적 만족과 삶의 목적을 이해하는 요소가 포함되어 있어 천직을 찾는 데 참고할 만한 다이어그램이다.

좋아하고, 잘하고, 세상이 필요로 하고, 돈이 되는 일을 찾으려면 어떤 노력을 해야 할까?

전 세계 직업의 숫자가 나라별로 20,000~30,000개가 있다. 모두 다 직접 경험해 보고 결정하면 좋겠지만 시간과 장소의 제약이 따르고 직업 찾다가 허송세월 보낼 수 있다. 그렇다면 가장 쉽게 직업 체험을 할 수 있는 효과적인 방법은 무엇일까? 바로 '독서'이다. 자주 서점이나 도서관에 방문해서 관심 분야의 책을 선정해서 읽으면 된다. 이때 주의할 점은 재미있거나 흥미 위주의 책이 아니라 직업을 찾는 '목적의식'을 갖고 읽는 게 중요하다.

절대 유행하는 베스트 셀러 위주의 책을 읽어도 안 되고, 재미있다고 소설책이나 만화책 시리즈를 읽어도 안 된다. 반드시 나만의 개성 있는 직업을 찾는 마음가짐으로 앞서 소개한 네 가지 요소를 머릿속에 상기시켜 책을 선별해서 읽어야 한다. 좋아하는 일은 찾았는데 세상이 필요로 하지 않는 일이거나 돈이 되지 않는 일이라면 취미 생활로 하면 된다. 가장 좋은 직업은 잘하는 일이면서, 세상이 필요로 하는 일이고, 돈이 되는 일이면 금상첨화이다.

이제 책을 선별하는 방법에 대해서 알아보자. 직업 선택에 도움이 되는 책을 선정하려면 저자의 직업부터 알아야 한다. 마음에 이끌리는 책을 선정해서 저자의 직업을 조사하고 머리말을 읽어 보면 나의 관심 분야의 내용인지 아닌지 금방 알 수 있다. 이렇게 해서 책이 한 권 읽어졌다면 그 분야에 관한 내용을 좀 더 깊게 파고들어야 하기에 그 저자가 저술한 또 다른 책을 몇 권 더 읽어 보자. 그리고 나서도 여전히 앞서 읽었던 책 때문에 열정이 식지 않는다면 그 제목과 유사한 다른 저자의 책도 읽어 보자. 더 나아가서 저자가 SNS 활동한 글 내용이나, 유튜브에 올려놓은 영상이 있는지, 온라인 강좌가 있는지, 오프라인 강의나 모임이 있는지 조사해서 학문의 영역을 깊이 있게 확장해 가면 된다. 이렇게 해서 찾은 직업은 절대 나를 배신하지 않는다. 왜냐하면, 나와 코드가 맞을 수밖에 없는 직업이기 때문이다. 결국, 독서는 천직을 찾아주는 핵심 도구 역할을 한다.

"아무리 생각해도 관심 분야가 없는 사람은 어떻게 해야 하나요?" 라는 질문을 많이 한다.

도서관에 어떤 책들이 출간되어 있는지 알아보는 것도 무엇보다 중요하다. 처음부터 관심 분야가 뚜렷하지 않다고 해서 도전을 멈출 필요는 없다. 최종적으로 나중에 알게 된다. 관심 분야는 앞서 지금까지 전공한 학과가 아니라 전혀 다른 분야가 될 수도 있다. 또 다른 방식으로 천직을 찾는 방법도 알아보자.

끌리는 직업을 조사해 본다. 사람마다 왠지 모르게 자꾸 끌리는 직업이 한두 개쯤은 있다. 여행가는 날은 깨우지 않아도 일찍 일어나는 것처럼 억지로 시키지 않아도 하고 싶은 일이 있다. 많은 인연 중에 마음에 드는 친구가 있듯이 수많은 직업 속에서 끌리는 걸 찾으면 된다. 어쩌면 하고 싶은 일이 없어서 못 하는 것이 아니라, 이 세상에 어떤 직업이 있는지 몰라서 그 일을 못 하는 경우가 더 많다.

학습이 잘 되는 분야를 찾아본다. 학습 속도가 빠르다는 것은 그만큼 남들보다 그 분야에 타고난 끼와 재능이 있다는 뜻이다. 지금까지 학교생활 하면서 공부가 재미없었다면 시험을 치르기 위한 의무감에 마지못해서 했을 것이다. 똑같은 시간을 투자해 공부해도 그 성과가 좋았던 분야를 찾아보자. 그런 일들은 적성에 맞고 천직일 가능성이 매우 크다.

성취감을 느끼는 분야를 찾아본다. 남들이 보기에는 별거 아닐지 몰라도 대단한 성취감을 주는 분야가 있다. 절대 남들을 의식하지 말고 도전해 보자. 비록 작은 성과에 불과 하지만 그 일도 천직일 가능성이 크다. 꼭 돈을 많이 벌어야 성취감을 느끼는 것도 아니고, 남들이 알아주어야만 성취감을 느끼는 건 더더욱 아니다. 다른 사람들과 상관없이 스스로 성취감을 느끼게 하는 일을 찾는 것이 무엇보다 중요하다.

STEP 03

잠재 능력

> "이 세상에서 가장 어리석은 사람은
> 자신을 잘 안다고 착각하는 사람이다."
>
> – 김상언

사람은 각자 타고난 잠재 능력의 소유자이다. 하지만 아직 소수의 사람만이 이런 잠재 능력을 발휘하여 인정과 존중을 받는다. 어떻게 해야 자신의 숨은 잠재 능력을 깨워서 전문가로 살아갈 수 있을까?

■ 믿음의 힘

스스로 무한한 잠재 능력이 있다고 믿는 사람과 그렇지 않은 사람과는 차이가 난다. 그냥 단순히 능력을 믿고 안 믿고의 차이가 아니다. 믿음을 가져야지만 각자의 잠재 능력을 깨울 수 있다. 결국, 자신에 대한 신뢰가 쌓여야지만 '믿음의 힘'이 생긴다. 작은 실천력으로 자신과 약속 이행이 될 때 믿음이 샘 솟는다. 특히 목표를 초과 달성하거나 주변 사람들에게 인정받을 때 믿음의 힘은 더욱더 강해진다.

믿는 만큼만 잠재 능력을 깨운다. 즉 이룰 수 있다는 '믿음'이 곧 숨은 잠재 능력을 깨울 수 있다. 절대 남들의 평가가 중요하지는 않다. 한 사람의 운명은 다름 아닌 스스로에 대한 '믿음의 힘'에서 다른 결과를 만들어 낸다. 성공을 거둔 사람들은 자신의 숨은 끼와 재능을 믿고 끊임없이 도전한 사람들이다. 절대 무능력함을 믿고 도전한 사람은 단 한 명도 없다. 주변 사람들이 당신의 끼와 재능을 알아주지 않는다고 하소연하기 이전에, 자신의 천재성과 무한한 가능성에 믿음의 싹을 먼저 틔워야 한다.

미국 5대 비즈니스 잡지인 《Success》의 설립자 오리슨 스웨트 마든 박사는 신념의 중요성에 대해 언급하길 "많은 사람이 가지고 있는 큰 문제는 자신을 충분히 믿지 않는다. 그래서 자신의 진정한 잠재 능력의 힘을 깨닫지 못한다. 자기 경시는 하나의 범죄다."라고 말했다.

하버드대학의 윌리엄 제임스(William James) 교수는 "믿음이 현실을 만든다."라고 말했다. 성경에서도 "자신이 믿는 대로 이루어진다." 라고 나와 있다. 이런 학자들의 주장을 조합해 보면 이렇게 정의 내릴 수 있다.

'우리는 자신이 보는 것을 믿는 것이 아니라, 자신이 믿는 것을 보는 것이다.'

앞으로 모두가 극복해야 할 가장 큰 정신적인 장애물은 자신을 제약하는 잘못된 믿음들일지도 모른다. 헨리 포드도 믿음의 힘에 대해서 언급하길 "할 수 있다고 믿든 할 수 없다고 믿든 둘 다 맞는 말이다."라고 주장했다. 결국, 어느 쪽을 믿든 그 믿음대로 우리의 운명은 판가름 난다.

종교를 믿습니까? 아니면 자신을 믿습니까? 둘 중 하나는 믿어야 한다. 왜냐하면 그 믿음의 힘으로 잠재 능력을 깨울 수 있기 때문이다.

믿음의 힘은 목표를 세울 때 큰 차이를 보인다.

월급 200만 원을 받는 A군과 B군이 있다. A군은 미래의 목표를 이렇게 세운다. '내년에는 월급 300만 원 받는 직장인이 될 것이다.' 이에 반해 B군은 이렇게 목표를 세운다. '내년에는 월급 1,000만원 버는 직장인이 될 것이다.'라고 선언한다면 어떤 생각부터 드는가? 정신이 나갔거나 욕심이 과하다는 생각부터 들 것이다. 이 두 사람의 목표 차이가 나는 것은 바라보는 관점이 다르기 때문이다.

A군은 **과거지향적인 관점**에서 **현실**을 반영하여 **제한된 믿음과 신념으로 목표**를 세운 사람이고, B군은 **미래지향적인 관점**에서 **무한한 가능성에 초점을 두고 자신의 믿음으로 목표**를 세운 사람이다.

인생을 사는 데 있어서 누가 더 유리할까? 과거지향적인 관점에서 제한된 믿음으로 인생을 사는 사람이 성공할까? 아니면 미래지향적인 관점에서 무한한 믿음으로 인생을 사는 사람이 성공할까? 정답은 전자보다 후자에 가깝다. 믿음과 관련된 명언 중에 이런 말이다.

'할 수 있다고 믿으면 방법을 찾고, 할 수 없다고 믿으면 핑계를 찾는다.'

대부분의 사람들이 자신의 잠재 능력을 발휘하지 못하고 크게 성공하지 못하는 이유는 자신의 가능성을 지금까지 살아온 과거에 초점을 두고 인생을 살아가기 때문이다. 이런 제한된 믿음 속에서 인생을 살면 도전을 해 보지도 않고 안 된다고 믿는다. 욕심내지 않고 스스로를 잘 알고 처신하는 사람처럼 보일 수는 있다. 하지만 타고난 끼와 재능을 발휘하지 못하고 우물 안의 개구리처럼 살아갈 수밖에 없다.

믿음의 힘은 **긍정의 마인드**를 만든다.
믿음의 힘은 **실패를 다른 관점으로 해석**하게 만든다.
믿음의 힘은 **된다고 생각하고 방법**을 찾는다.
믿음의 힘은 **끝까지 해낼 수 있는 끈기**를 발휘하게 한다.

믿음의 힘을 키우는 방법은 세 가지가 있다. **자신과의 약속 이행**, **자기 확언**, **이미지 트레이닝**이다.

■ 능력 분석

강의를 듣는 수강생에게 자주 던지는 질문이 있다. "당신은 자신에 대해 몇 퍼센트 안다고 생각하는가?"라는 질문이다.

"70~80% 정도는 알고 있다."라고 답하는 사람이 대부분이다. 물론 틀린 대답은 아니다. 이 세상 누구보다도 자기 자신에 대해서 가장 잘 알고 있는 사람은 본인이기 때문이다. 그러나 자기 자신에 대해서 너무 잘 알고 있다는 고정관념에 빠지게 되면 큰 오류를 범하게 된다. 자신이 무엇을 잘하는지? 못하는지? 아예 시도조차 해 보지도 않고 어림짐작으로 평가해 버리는 우를 범하기 때문이다. 그래서 이제는 자신이 알고 있는 것보다 훨씬 더 모르는 부분이 더 많다는 사실을 깨달아야 한다. 그 이유는 아직 그 누구도 자신의 잠재 능력을 100% 발휘하고 인생을 살다 간 사람은 단 한 사람도 없었기 때문이다.

사람은 자신의 숨겨진 끼와 재능에 대해서 제대로 알고 있는 경우는 드물다. 그 이유는 교육을 받은 적도 없고 집중적으로 생각해 본 경험도 없기 때문이다. 어쩌면 주입식 교육과 치열한 경쟁 속에서 시험을 치르고 평가를 받으면서 그나마 보여 주려고 했던 잠재 능력을 발휘하기 전에 무능한 사람으로 간주한 사람이 더 많다. 학교에서 치러지는 몇 번의 시험만으로 한 사람의 잠재 능력을 평가하기에는 절대 불가능하다.

사람은 저마다의 잠재 능력을 한 가지씩은 분명히 갖고 있다. 그런데도 그 능력을 끄집어낼 수 없는 현실이 안타까울 뿐이다. 대부분은 학창 시절 학업 성적이 뛰어난 사람과 비교하거나, 상위 대학을 들어간 친구들과 비교하면서 자신의 숨겨진 잠재 능력을 발휘할 엄두조차 내지 못한다. 누군가가 우수한 발명품을 만들어 냈다면 그 사람은 나보다도 더 똑똑하고 뛰어난 재능을 가진 사람으로 치부해 버린다. 이제 이런 잘못된 고정관념의 틀에서 완전히 벗어나야 한다.

이제 나만의 타고난 끼와 재능을 발휘하기 위해서는 능력 분석표를 제대로 이해하기 바란다. 이 표를 제대로 이해한다면 과거의 자신에 대한 부정적인 고정관념에서 벗어나 새로운 관점에서 자신을 바라볼 수 있

사람의 능력 분석

(당신이 천재라는 사실을 알아야 한다.)

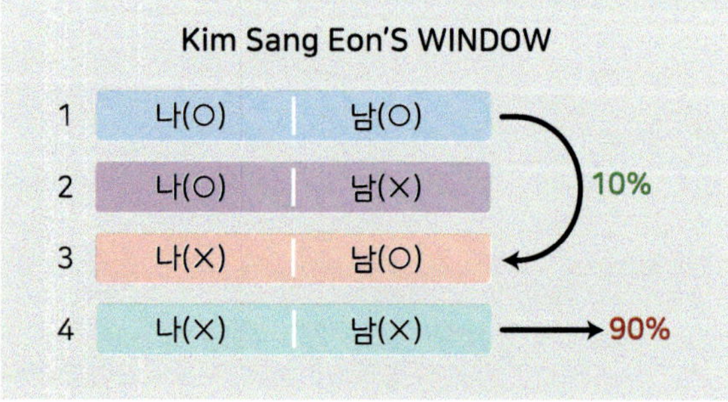

게 된다. 사람의 능력은 크게 눈에 보이는 현재 능력과 보이지 않는 잠재 능력으로, 네 가지 영역으로 나뉜다.

첫 번째, 나도 알고, 남도 알고 있는 능력이다. 내 직업이 무엇인지, 보유한 자격증이 몇 개나 되는지, 타고 다니는 자동차가 무엇인지, 외모, 학벌, 결혼 여부, 기타 등등 주변 사람들에게 알려서 알고 있는 능력이다. 겉모습만 보고도 알 수 있는 능력이다. 이런 능력의 소유자들은 특히 외향적인 성격으로 자신의 끼와 재능을 잘 보여 주는 사람들이 이 영역에 속한다. 하지만 그 어떤 사람도 자신의 능력을 모두 다 남들에게 보여 줄 수는 없다.

두 번째, 나는 알지만, 남들은 모르는 능력이다. 즉 뛰어난 능력의 소유자이지만 남들에게 그 능력을 잘 보여 주지 못하는 성격 유형이 여기에 속한다. 능력이 없으면 못 보여 주지만, 남들보다 더 뛰어난 능력을 소유하고도 발휘하지 못한다면 이 얼마나 안타까운 일인가. 노래를 잘하는 사람이 남들 앞에 부끄러워 무대에 서지 못한다거나, 춤을 잘 추면서도 혼자서만 춘다거나, 영어 실력이 탁월해도 그것을 발휘하지 못 한다면 실력이 없는 사람이나 별반 다를 바가 없다. 이 영역에 속하는 사람들은 내면의 갈등이 심화될 수 있다. 내심 단 한 분도 이런 사람이 없기를 바랄 뿐이다. 능력이 있는데 안 하는 것과 능력이 없어서 못 하는 것과는 분명히 다르다. 이 영역에 속하는 성격 유형의 사람들이야말로 오픈 마인드셋 정신이 가장 절실히 필요로 한다.

세 번째, 나는 모르지만, 남들이 알고 있는 능력이다. 내가 보는 관점과 타인이 보는 관점은 다르다. 나는 잘하는 게 거의 없는 사람이라고 생각하지만, 남들이 보기에는 잘하는 것이 많아 부러움의 대상이 될 수도 있다. 스스로 발표를 못한다고 생각하는데, 남들은 잘한다고 칭찬할 수도 있다. 다양한 관점에서 자신을 바라볼 줄 알고 주변 사람들의 말에 귀 기울이고 인정할 줄 알아야 한다. 이런 유형의 사람들은 너무 겸손한 경우가 많다. 자신을 볼 수 있는 관점이 겸손하기에 객관적으로 자신의 장점을 볼 줄 모른다. 남들의 칭찬을 귀담아듣고 인정할 수 있는 사람이 되자.

네 번째, 나도 모르고, 남도 모르는 능력이다. 그 누구도 알지 못하는 잠재 능력이다. 우리 뇌의 대부분의 비중이 잠재 능력에 속한다. 사람은 자신의 숨겨진 능력에 대해서 끊임없이 알고자 노력하지만 죽을 때까지 공부해도 다 알지 못하는 미지의 세계다. 우주의 세계만큼 뇌에 대한 비밀은 무궁무진하다. 어쩌면 뇌가 학습을 통해서 끊임없이 진화하기 때문일지도 모른다. 그러니 자신의 잠재 능력을 과소평가해서는 절대 안 된다. 잠재 능력을 깨우기 위해서 몇 번 실패를 경험했다고 스스로 포기해서도 안 되고, 남들의 혀 놀림에 숨겨진 잠재 능력을 과소평가해서도 안 된다. 이 세상에서 가장 미개발 지역은 아프리카나 인도가 아닌 나의 두뇌이기 때문이다.

그렇다면 어떻게 해야 이런 잠재 능력을 깨울 수 있을까?

켄터키에 있는 맘모스 동굴에는 에코 강이 흐르고 있는데 소경 딱정벌레, 소경 가재, 소경 물고기 등 기괴한 생물들이 서식하고 있다. 왜 이 동물은 보지 못할까? 그 이유는 동굴 안이 어둡기에 창조주가 이들에게 준 눈을 사용하지 않았기 때문이다. 그래서 눈이 필요 없게 된 것이다. 인간의 신체도 이와 마찬가지로 똑같다고 보면 된다. 신체의 그 어떤 기능도 사용하지 않으면 녹이 슬거나 퇴보하고 만다.

잠재 능력은 이미 뇌 속에 소프트웨어처럼 보유하고 있는 것도 있지만 계속해서 업그레이드시켜서 사용해야 한다. 예전에 불가능하게 보이는 것을 가능한 것으로 믿게 만드는 힘은 새로운 정보와 지식을 끊임없이 인풋(=학습) 했기에 가능할 수 있었다. 어떻게 보면 잠재 능력을 깨우는 원리는 간단하다. 먼저 갈고 닦는 학습의 시간이 필요하다. 다이아몬드 원석이 빛을 내려면 외형을 깎아야 하듯이 잠재 능력을 깨우는 원리도 텃밭을 기름지게 하듯 새로운 정보와 지식을 계속 인풋 해야 한다. 그래야지만 뇌가 제대로 기능하여 새로운 창의성을 발휘하게 된다.

앞서 언급한 대로 누구나 타고난 잠재 능력의 소유자임을 먼저 믿어야 한다. 믿는 대로 소원이 이뤄진다는 말이 있듯이 잠재 능력도 믿는 만큼 깨울 수 있기 때문이다. 이런 믿음의 힘이 약하면 타고난 잠재 능력은 빛도 못 보고 관속에 묻히고 만다. 지금까지 살아온 과거 속에서 수많은 실수와 실패에도 불구하고 아직 발휘하지 못한 잠재 능력이 있다는 것을 믿어야 한다. 일단 확신을 하고 자신의 끼와 재능을 믿어 의심치 않아야 한다.

자기 분야에서 이름을 떨친 천재들의 잠재 능력을 깨우는 비결은 무엇일까?

이들은 보통 사람보다 더 타고난 끼와 재능의 소유자였기 때문에 많은 업적을 남긴 게 아니다. 그 차이가 있다면 스스로 바라보는 관점이 남달랐다. 실패를 거듭하더라도 남들과 비교해서 자신을 과소평가하지 않았다. 오히려 좌절과 절망 속에서 더 강한 멘탈의 소유자가 되었다. 그래서 우리는 몇 번의 실패를 경험했다고 해서 타고난 잠재 능력을 절대 의심해서는 안 된다.

혹시 아인슈타인이나 에디슨이 자신의 잠재 능력을 100% 발휘하고 생을 마감했다는 말을 들어본 적이 있는가? 그들의 주장에 따르면 고작 자신의 능력 5~10% 사용했을 뿐이라고 말한다. 천재들의 두뇌가 이 정도밖에 사용되지 않았다면 일반인의 두뇌는 어느 정도 사용을 하고 생을 마감한다는 말인가. 어쩌면 1~2% 정도 사용은 하는 걸까? 한마디로 말해서 일반인들의 뇌는 잠재 능력을 발휘할 엄두도 못 내고 생을 마감할지도 모른다.

'잠재 능력은 믿지 않고 자신을 잘 알고 있다고 생각한다면 이는 곧 자신에 대한 무능력함을 믿고 있다는 말과도 같다.'

오히려 자신의 잠재 능력에 대해서 아직 잘 모르고 있다는 생각이 훨씬 더 낫지 않을까? 지구상에서 가장 개발이 늦은 암흑 지대는 아프리카나 시베리아가 아니다. 바로 '당신 모자 밑이다.'라는 말이 있듯이 두뇌야말로 가장 낙후된 미개발 지역이다.

만약 지금부터라도 자신의 무한한 가능성을 신뢰하고 그것을 발휘하기 위한 노력을 한다면 누구나 탁월한 능력의 소유자가 될 수 있다. 다시 말해서 전문가로 인정받을 수 있다. 대부분은 몇 번의 실패나 좌절로 잠재 능력을 너무 일찍부터 과소평가하는 오류를 범한다.

사람은 저마다의 타고난 기질이 다르고 빛을 발하는 시기도 다르다. 운이 좋아서 일찍 빛을 보는 사람도 있고 대기만성으로 늦게 빛을 보는 사람도 있다. 그 시기와 상관없이 어떻게든 잠재 능력을 끄집어내어 빛나는 다이아몬드로 만들 줄 알아야 한다.

천재와 둔재는 바로 이점이 다르다. 천재는 자신의 관심 분야에 집중하고 심혈을 기울인다. 그 분야에 관한 지식을 끊임없이 습득한다. 배운 지식으로 지혜가 나올 때까지 실력을 쌓는다. 그 실력으로 전문가가 되어서 목표한 바를 될 때까지 도전한다. 이것이 전부다. 천재는 좋은 습관의 소유자이다. 그 수많은 성공 습관 중에서도 딱 세 가지를 반드시 실행에 옮긴다. 집중, 반복, 끈기를 갖고 될 때까지 포기를 모르는 사람들이다.

'독수리 신분이면서 출신도 모르고 닭장 무리 속에서 살아가는 어리석은 사람은 되지 말자.'

자신을 어떤 관점에서 바라보느냐? 에 따라서 당신의 운명이 판가름 난다. 주변 사람들의 혀 놀림에 자신의 유능함을 모르고 살아가면 곤란하다. 하루빨리 자신의 소중한 가치를 깨닫고 잠재 능력을 깨울 수 있도록 노력해 보자.

"난 할 수 없어! 난 못해! 난 안될 거 같아!" 이런 부정적인 사고에서 하루빨리 벗어나 "난 할 수 있어! 다른 사람도 하는데 내가 왜 못해! 난 어떤 일이 있어도 반드시 해내고야 말 거야!"라는 긍정적인 사고로 전환해 보자.

자신의 가치를 제대로 알아야 잠재 능력을 깨울 수 있다. "만약 시장에서 당신의 몸값을 매긴다면 얼마 이고 싶은가?" 절대 헐값을 매기고 싶지는 않을 것이다. 그리고 절대 헐값에 매겨서도 안 된다. 시력을 잃은 사람이 100억을 준다고 한들 당신 두 눈을 팔지는 않을 것이다. 그렇다면 당신의 눈 값은 이미 100억 원의 가치를 넘어서는 셈이다.

안타깝게도 대부분의 사람들은 자신의 존재적 가치에 대해서 전혀 무지한 상태로 살아간다. 바쁜 일상 속에서 자신의 소중한 가치를 깨닫지 못하고 있다. 자칫 스스로에 대한 가치를 터무니없는 헐값을 매기고 일찍 생을 마무리하는 사람도 있다.

다음 일화를 통해 자신의 소중한 가치를 제대로 알기 바란다. 평소 따돌림을 당하고 자신의 가치에 대한 불평불만을 품고 있던 한 제자가 스승을 찾아와서 하소연하기 시작했다.

"스승님! 저는 정말 보잘것없고 다른 동기생들에게 무능력하다고 놀림까지 받으니 저 자신이 너무나 싫습니다. 이런 동기생들 틈에서 저는 제일 하찮은 존재인가 봅니다. 저는 뭘 해도 안 될 것 같습니다." 이 말을 전해 들은 스승은 장롱 속에서 돌 하나를 들고 와서 제자에게 심부름을 시켰다.

"이 돌을 가지고 시장에 가서 가격을 매겨 보도록 해라!" 그러자 제자는 어쩔 수 없이 스승의 권유로 시장에 가서 돌의 가격을 알아보기로 했다. 제일 먼저 채소 가게 아주머니한테 가서 물었다. "아주머니! 이 돌 가격 한 번 매겨 주세요."라고 했더니 "예끼! 이 사람아! 이 돌은 아무짝에도 쓸모가 없네. 어디에 쓰겠나. 갖다 버리게!"라고 말했다. 이 말을 들은 제자는 갑자기 화가 나기 시작했다. 스승님은 나를 뭐로 보고 이런 돈도 안 되는 쓸모없는 돌을 갖고 가격을 매겨 오라고 하는 것이지. 나를 놀려도 유분 수지 생각하면 할수록 화가 치밀어 올랐다. 스승이 원망스럽기까지 했다. 하지만 이왕 이렇게 나왔으니, 다른 곳을 한 번만 더 가보자 싶어.

이번에는 쌀가게를 들러서 쌀가게 주인에게 똑같은 질문을 했다. "아저씨! 이 돌의 가격이 얼마나 나갈 것 같소?" 그러자 이 쌀가게 아저씨는 "내가 돌에 대해서는 좀 알지!"라고 말하더니 한참을 보는 것이었다. 그리고 나서는 쌀 한 가마니를 줄 테니 선반 위에 두고 가라는 것이었다. 그러자 제자는 "아! 이 돌이 그냥 돌은 아니구나."라는 생각이 들었다. "그럼 그렇지."

제자는 다시 한번 더 보석상에 들렀다. 그랬더니 이 보석상 주인은 그 돌을 보자마자. 깜짝 놀라며, "이 돌 어디에서 났소?" 그러자 제자가 말했다. "아! 이 돌은 팔려고 하는 것이 아니라 저희 스승님이 시장에 가서 값을 한번 알아보라고 해서 그냥 가격을 알아보는 중이오."라고 말하니, 보석상 주인은 이렇게 말을 했다. "얼마면 되겠소? 부르는 대로 값을 드리지요." 이렇게 오히려 되레 값을 묻는 제자에게 돌을 팔라고 야단이다. 그러나 제자는 소중한 돌을 품에 안고 스승에게 달려갔다.

과연 이 돌이 무슨 돌이었겠는가? 바로 다이아몬드였던 것입니다. 보통 사람들이 보면 그냥 돌에 지나지 않지만, 그 가치를 알아보는 사람은 어마어마한 가치를 알고 있다.

만약 우리가 자신의 가치를 알아보지 못하고 스스로 쓸모없는 존재라고 생각하며 하찮은 존재로 취급한다면 절대로 잠재 능력은 깨울 수 없다. 본인 스스로 남들이 갖고 있지 못한 뛰어난 잠재 능력의 소유자임을 인정해야 한다. 자신의 가치를 인정하는 순간 10원짜리가 아닌 다이아몬드 인생이 펼쳐지기 때문이다. 절대로 별 볼 일 없는 주변 사람들의 혀 놀림에 자신의 소중한 가치를 도둑질당하는 일은 없기를 바랄 뿐이다.

그럼 지금부터 숨겨진 잠재 능력을 깨우는 비결에 대해서 구체적으로 알아보자.

■ 집중과 몰입

천재와 둔재의 가장 큰 차이가 있다면 집중하는 습관의 차이다. 집중은 자신이 필요로 하는 정보에 주파수를 맞추는 것과 같다. 언제 어디서나 자신이 정한 관심 분야에 신경이 곤두서게 된다. 즉 집중하면 생각이 단순해지고, 자료 수집하고, 메모가 가능해지고, 아이디어가 떠오르게 되는 원리다.

이처럼 매일 한 목표에 집중할 수 있어야 잠재 능력을 깨울 수 있다. 취업을 못 하는 사람들을 보면 방에 틀어박혀 온종일 오만가지 생각을 하는 경우가 대부분이다. 아무리 천재적인 재능을 소유한 사람이라도 생각이 많으면 잠재 능력은 발휘할 수 없다.

강철왕 앤드류 카네기는 '젊은 사람이 사업에서 실패하는 가장 큰 원인은 집중력의 결여이다.'라고 말했다. 이 말처럼 좋은 성과를 내려면 잘하는 분야를 선택해서 에너지를 집중해야 한다.

에디슨은 식사할 때 빼고는 거의 전기와 관련된 책을 읽었다. 그래서 전기 분야에 좋은 아이디어를 낸 것이다. 이런 천재성의 원리는 아주 단순함에 그 해답이 있다. 달성하고 싶은 목표 지점을 설정하고 그 분야의 책을 100권 이상 읽으면 전문가가 된다.

대학 진학 시 전공을 선택해야 한다. 이때 자신에게 할 질문이 몇 가지 있다. 적성은 맞는지? 어떤 내용을 공부하는지? 졸업 후 어디에 취업할 수 있는지? 전공을 선택하기에 앞서 사전 조사해야 할 게 많다. 그러나 교육 현실은 어떠한가? 입시공부로 성적을 향상하는 데 시간을 다 쏟다 보니 적성과 특기는 무시한 채 점수만으로 전공을 선택하고 있다. 이는 곳 어디를 향해 쏠지를 모르고 활시위를 당기고 무조건 열심히 활 쏘는 연습만 하는 경우와 별반 다를 바가 없다.

사람은 누구나 한 가지 이상 천재성은 갖고 태어난다. 그러나 이 천재성이 발휘되는 시점은 한 목표를 향해서 끊임없이 지식의 양을 늘릴 때 즉, 지식의 임계점에 도달할 때 천재성은 두각을 나타낸다.

괴테는 "작은 일을 위해서 큰일을 희생하지 말라."라는 말을 했으며, 과학자 하버트 사이먼은 "가장 좋은 것을 하기 위해 두 번째로 좋은 것은 버려야 한다."라고 말했다. 집중의 대상이 많으면 좋은 아이디어는 나올 수 없다는 것을 의미한다.

토머스 에디슨은 "성공의 비결은 자신의 모든 정신적 육체적 에너지를 끊임없이 하나의 일에 쏟아붓는 것이다."라는 말을 했다. 집중의 힘은 '레이저 사고법'을 연상하면 가장 쉽게 이해할 수 있다. 100W 전구보다

50W 레이저가 2000배나 되는 Power를 갖고 있다. 레이저의 에너지는 한곳에 집중하지만, 전구의 에너지는 분산되기 때문이다. 사람도 전구와 같은 인생을 살면 안 된다. 명확한 목표를 세우고 에너지를 분산하지 않아야 좋은 성과로 이어진다.

미국의 유명한 천재 연구가인 윈 웽거 박사와 앤더스 에릭슨 박사는 "천재는 보통 사람과 다를 게 없다. 다만 몰입함으로써 자신에게 숨어 있는 재능을 인지하는 보통 사람일 뿐이다. 몰입하고 또 몰입하면 어떤 문제도 풀리게 마련이고, 그런 과정을 되풀이함으로써 자신도 모르게 천재가 되는 것이다."라고 주장하고 있다.

해외에서도 주목을 받았던 안철수 대표는 자신의 성공 비결을 "번개가 쳐도 모를 정도로 무서운 집중력에 있다."라고 말했다. 이처럼 집중력은 잠재 능력을 깨우는 데 탁월한 효과가 있다.

1960년에 레알 마드리드 팀에는 세계에서 가장 뛰어난 헝가리 출신의 피렌스 푸스카스가 뛰고 있었다. 이 선수는 축구 결승전이 벌어진 날 무려 네 골을 집어넣고 대망의 우승컵을 가슴에 안았다. 그리고 경기가 끝난 뒤 각국의 기자들은 푸스카스에게 달려가 질문을 했다.

"당신이 그렇게 축구를 잘할 수 있게 된 비결이 무엇입니까?"라는 질문에 푸스카스는 이렇게 대답을 했다고 한다. "나는 공을 차고 있지 않을 때 사람들과 축구 이야기를 합니다. 축구 이야기를 할 수 없을 때는 축구에 대해 생각하죠."

몰입의 힘은 어느 분야나 그 사람을 전문가로 만드는 탁월한 기술이다. 전문성과 독창성 있는 아이디어를 내기 위해서는 생각을 집중하는 습관부터 들이자. 나폴레온 힐은 "황금은 광산보다 인간 생각 속에서 더 많이 채굴된다."라고 주장했다. 이렇듯 생각을 한 분야에 몰입하면 머릿속에 있는 황금 덩어리를 캐낼 수 있다.

이처럼 성공의 비결은 집중에 있다. 부자는 매일 돈 버는 일에 집중한다. 공부를 잘하는 사람은 성적을 높이기 위해 문제 풀이에 집중한다. 각자 원하는 걸 이루는 기본 원리는 똑같다. '집중과 몰입'이다. 대부분은 잡념과 욕심 때문에 집중을 잘 못하는 경우가 많다. 사람은 평균 하루에 5만~6만 가지 생각을 한다. 이렇게 생각이 많으면 머리가 복잡해진다. 원하는 분야에 집중할 수도 없다. 큰 꿈을 이룬 인물들은 복잡한 생각을 단순화하는 원리를 알고 있다. 그렇게 하지 않으면 원하는 곳에 집중하지 못하고 잡념에 휩싸여서 다양한 분야에 여러 우물을 파려고 한다. 결국, 에너지가 분산되어 이것도 저것도 아닌 팔방미인이 되려다 실패하게 된다.

'본짓을 생각해야 꿈을 이룰 수 있는데, 딴짓을 생각해서 인생을 헛되게 보낸다.'

앞으로 간절히 원하는 목표가 있다면 그 분야에 생각을 '집중과 몰입'하면 반드시 원하는 목적을 달성할 수 있다.

창의성이 뛰어난 사람들은 IQ가 일반인들보다 더 높을 것으로 생각한다. 실제 연구 결과에 따르면 IQ가 높은 것과 무관하다. 누구나 관심 분야에 고도의 '집중과 몰입'하는 능력을 갖추고 그 분야에 도전하면 잠재 능력을 깨우고 창의성을 발휘하는 데 문제 될 게 없다.

"나는 머리가 나빠서 기억력이 안 좋아." "이제 나이 들어서 머리가 예전 같지 않아."라는 말을 자주 내뱉곤 한다. 이런 말들은 단지 핑곗거리에 불과하다. 창의성을 발휘하는 데 방해만 될 뿐이다.

에디슨이나 아인슈타인은 타고난 천재였을까? 모두가 알고 있는 사실이지만 처음부터 타고난 천재는 아니었다. 후천적으로 특정 관심 분야에 고도의 집중(concentration)을 하였기에 과학자가 될 수 있었다.

현시대는 수많은 정보와 지식의 홍수 속에서 살고 있다. 이런 상황에서도 흥미 있는 관심 분야에 집중과 몰입하면 지혜(wisdom)가 나온다. 그러면 그 분야에 전문가로 활동할 수 있다.

■ 자료 수집

집중하면 자료 수집 활동은 자동제어 시스템처럼 작동한다. '자료를 모아야지'라고 의식하지 않아도 수집되기 때문이다. 한곳에 집중하면 망상 활성계가 작동하여 관심 분야만 눈에 띄게 되고 이와 연관된 자료를 쉽게 수집할 수 있다. 결국, 이런 과정을 통해 지식의 임계점을 만들어 내어 아이디어 원천이 된다.

자료 수집 활동은 인풋과정의 전 단계이다. '넣어 주지 않으면 나올 게 없다.'라는 말도 있듯이, 좋은 아이디어를 내기 전에 먼저 좋은 자료를 모아서 읽어야 한다. 문제 해결책도 마찬가지다. 그 당시에 직면해 있는 문제를 잘 해결하려면 새로운 정보와 지식을 습득해야지만 문제의 해결책을 모색해 낸다. 이처럼 자료 수집은 좋은 정보와 지식을 찾아서 끊임없이 넣어 주기 위한 사전 준비 과정이다.

전문가의 길을 가는데 아직 자료 수집 활동이 습관화되지 않았다면 초점이 명확하지 않다는 증거다. 인터넷 검색, 독서, 신문, 유튜브를 본다고 가정했을 때 자동제어 시스템이 가동되는 것처럼 자발적으로 하게 된다.

인터넷 검색을 하더라도 자주 가는 사이트를 선정해서 좋은 정보를 모으는 습관을 들이자. 이런 과정이 잠재 능력을 깨워 줄 수 있는 돌파구가 된다. 명석한 두뇌를 갖고 좋은 아이디어가 떠오르지 않는다고 뇌를 탓하지 말고, 자료 수집을 게을리하는 습관을 탓하기 바란다. 사람은 각자 타고난 천재성을 이미 보유하고 있으며, 어떤 분야에 집중과 몰입하여 자료 수집을 하느냐에 따라서 인풋이 달라진다.

■ 일하는 태도

"일이 즐거우면 인생은 낙원이지만, 일이 의무에 불과하면 인생은 지옥이다."라고 막심 고리키가 말했다. 하고 싶은 일을 즐기면서 일하면 좋은 결과로 이어진다.

누군가가 "지금 하는 일이 즐겁나요?"라고 질문하면 "네"라고 대답을 할 것 같지만, 이것 역시 쉽지 않다.

잠재 능력을 깨우기 위해서는 자기가 하는 일을 즐기고 사랑할 수 있어야 한다. '천재는 노력하는 자를 이길 수 없고, 노력하는 자는 그 일을 즐기고 사랑하는 자를 이길 수 없다.'라고 했다. 끊임없이 자기가 좋아하는 일을 찾으려고 노력해야 한다.

만약 좋아하는 일을 아직 찾지 못했다면 어떻게 해야 할까? 좋아하는 일을 아직 찾지 못했다는 죄책감으로 지금 하는 일을 억지로 해야 할까? 절대 그렇지 않다. 좋아하는 일을 찾기 전까지 현업을 사랑하는 마음가짐이 무엇보다 중요하다. 그래야지만 잠재 능력을 깨워서 일의 능률을 높이고 아이디어를 창안해 낼 수가 있다.

'아직 좋아하는 일을 찾지 못했다면 지금 하는 일을 좋아하게 만들면 된다.'

'시련 없이 피는 꽃은 빨리 시들고 만다.' 이왕 할 일이라면 인내하고 조금 더 즐거운 마음가짐으로 일해 보자. 학창시절에 대학 등록금을 마련하기 위해서 12층 높이 건설 현장에서 케이블 설치하는 일을 하면서 무섭기도 했지만, 가난한 집에 태어난 것에 대한 신세 한탄을 한 적도 있었다. '지금 내가 여기서 무엇을 하고 있나? 가난한 집에 태어나지 않았더라면 지금쯤 도서관에서 영어 공부를 하고, 좋아하는 독서를 하고 있을 텐데, 나는 참 불쌍한 사람이다.'라는 생각이 문득 들었다. 하지만 방학 동안 두 달을 넘게 그 일을 지속하면서 일하는 태도를 고쳐먹기로 마음을 먹었다. 어차피 대학 등록금을 마련하기 위해서 이런 고된 일을 피할 수 없다면 '지금 하는 일을 좋아해 버리자!'라고 생각하고 마음을 다시 긍정적으로 고쳐먹었다. '그래! 돈 주고 헬스장도 가는데. 나는 지금 헬스장에서 근력운동을 하는 중이야. 이왕이면 재미있게 일해 보자!'라고 생각해 버렸다. 이렇게 생각하고 난 이후부터는 고층에서 케이블 당기는 일이 조금씩 재미있게 느껴졌다. 이처럼 '피할 수 없으면 즐기라는 말도' 있듯이 지금 하는 일에 짜증을 내거나 신경질을 부리면 오히려 일의 능률은 훨씬 더 떨어진다. 이왕이면 마음을 고쳐먹는 게 낫지 지금 하는 일을 바꾸는 것은 더 어렵기 때문이다.

정주영 회장도 복흥상회에서 고된 일을 하면서 "행복은 각자의 마음속에 있고, 즐거운 일은 스스로 찾으면 된다."라고 생각했다. 그때부터 쌀 배달이 즐겁게 느껴졌고 최고의 일꾼이 되었다.

빌 게이츠도 "나는 세상에서 가장 재미있는 일을 갖고 있고, 출근하는 길은 언제나 즐겁다. 항상 새로운 도전과 기회 배울 만한 것들이 기다리고 있다. 만약 스스로 일을 이 정도로 즐긴다면 체력이 소진될 일은 없을 것이다."라는 말을 했다. 이처럼 훌륭한 인물들의 성공 비결은 자신이 하는 일을 좋아하고 사랑했다는 걸 절대 잊지 말아야 한다. 좋아하는 일과 관련된 명언 중에 이런 말이 있다.

'사랑하면 알게 되고 알게 되면 보이나니, 그때 보이는 것은 이전과 같지 않더라.'

지금 하는 일을 사랑하고 애정을 쏟을 때 잠재 능력을 깨우고 좋은 성과로 이어진다는 것은 두말할 필요가 없다.

■ 메모 습관

'종이에 적어라.' 언제나 종이 위에서 생각하고 종이에 기록하라. 종이에 적으면 두뇌와 손 사이에서 무슨 일인가가 일어나서 해당 쟁점들을 더 명확하게 이해하게 된다. 더 나은 생각을 하게 되고, 문제의 해결책도 떠오르게 된다. 어떤 일을 진행하거나 어떤 결정을 내리기 전에 먼저 종이에 적어 보자. 적는 행위 그 자체로도 더 현명하고 창의적인 사람이 되고 잠재 능력을 깨우게 된다.

월터 크라이슬러 창업자는 "가장 엄격한 공사 감독은 매일 해야 할 일을 적는 일이었다."라고 말했다. 헨리 포드는 "스케줄을 메모하지 않는 사장은 그 자리에 앉을 가치가 없다."라고 말했다. 즉 메모의 힘은 기억력을 자극하고, 자신감을 불어 넣어 주고, 야망과 열정을 깨운다. 인생에서 원하는 것이 있다면 일단 메모부터 하고 보자.

'생각을 메모하는 것은 씨앗을 뿌리는 것과 같다.' 머릿속에 숨겨진 잠재 능력을 깨우기 위해서는 메모하는 습관이 선행되어야 한다. 메모에 관해서 부정적으로 말하는 사람도 있다. "저는 메모를 많이 하는데, 효과가 없어요. 시간 투자 대비 효과가 있는지 잘 모르겠어요. 왜 그렇죠?" 이런 부류의 사람은 메모만 하고 다시 활용하지 않는 경우가 많다.

독서도 마찬가지이다. 책을 많이 읽는다고 해서 좋은 아이디어가 나오는 것은 결코 아니다. 한 권의 책을 읽어도 목적성을 갖고 핵심 내용을 기록하지 않으면 전혀 도움이 되지 않는다. '준비된 자에게 기회가 찾아오듯' 메모의 힘은 준비된 사람으로 만든다. 이제 숨겨진 끼와 잠재 능력을 깨우기 위해서는 메모하는 습관은 선택이 아니라 필수이다.

INPUT 단계

PART 2

성장 마인드셋

전문가의 힘을 키워라!

"전문가는 집중, 반복, 끈기를 습관화시킨 사람들이다."

– 김상언

STEP 01

집중

명확한 목표 설정

> "인생을 열심히 살고도 좋은 결과로 이어지지 않는다면 팔방미인이 되려는 욕심 탓이다."
>
> -김상언

"당신은 명확한 꿈과 목표가 있습니까?"라는 질문에 "예."라고 당당하게 말하는 사람은 과연 몇 명이나 될까? 목표가 있다고 한들 매일 생각하고 그것을 이루기 위해서 매일 실천하는 사람은 과연 몇 명이나 될까? 분명히 많지 않을 것이다. 왜냐하면, 세계적으로 꿈과 목표를 이룬 사람은 단지 1%~3%에 불과하기 때문이다.

'과거가 있는 사람은 용서할 수 있어도, 미래가 없는 사람은 용서할 수 없다.'

인생은 살아온 날들보다 앞으로 살아갈 날이 더 중요하다. 가슴 뛰는 원대한 목표가 없다면 반드시 세워야 한다. 활을 잘 쏘는 사람도 보이지 않는 과녁은 맞힐 수 없다. 각자 원하는 인생도 살지 못한다. 더 나아가 능력도 발휘하지 못한다.

그렇다면 목표는 왜 세워야 하는 걸까? 목표를 세워야 하는 이유를 정확하게 알아보자.

집중하게 만든다. 탁월한 끼와 재능을 타고났어도 다방면에 관심이 분산되면 하나의 재능도 발휘하기 힘들다. 목표는 한 방향으로 집중시키는 역할을 한다. 그래서 타고난 재능을 발휘할 수 있게 만든다. 목표를 분산시키지 않으려면 매일 생각하고, 말하고, 글로 적어 보는 습관이 무엇보다 중요하다.

평가(feedback) 기준이 된다. 누군가가 "주말 잘 보냈습니까?"라는 질문을 던진다면 어떻게 대답해야 할까? 어떤 기준도 없이 하루를 보내게 되면 주말을 잘 보낸 것 같기도 하고, 아닌 것 같기도 하다. 목표를 평가 기준으로 삼으면 명확하게 대답할 수 있다. 주말 계획을 미리 세웠다면 이런 질문은 쉽게 답할 수 있다. 계획대로 되었다면 알차게 보낸 것이고, 계획대로 되지 않았다면 잘못 보낸 주말이기 때문이다. 이처럼 목표가 없다면 평가 기준 자체가 불가능하다.

동기부여 수단이다. 열정이 넘쳤던 사람도 명확한 꿈과 목표가 없으면 머지않아 식고 만다. 하지만 꿈을 구체적으로 세운 사람은 실천력도 생기고, 그 목표를 달성하고야 말겠다는 의지력도 생긴다. 누구라도 목표가 있어야 동기가 유발된다. 목표가 명확하지 않으면 어디로 가야 할지 모르는데, 어떻게 동기가 생겨서 도전할 수 있겠는가. 이처럼 꿈이 명확하지 않으면 한발도 내디딘 게 아니다.

성취감을 준다. 우연히 이룬 성과보다 뚜렷한 목표를 세우고 달성하면 더 큰 성취감을 맛보게 한다. 하루를 계획하든 일주일을 계획하든 목표를 세워서 실천해 보자. 이런 작은 실천들이 성취감을 느끼게 하여 더 큰 목표에 도전하게 만든다. 특히 남들이 힘들어서 포기한 목표를 이룬다면 더 큰 성취감을 맛본다는 건 누구나 알고 있다. 산의 정상을 오르는 이유도 바로 여기에 있다. 마라톤 완주 목표도 이런 이유로 뛴다. 누구나 다 할 수 있는 일에서 탁월한 성취감을 느끼는 사람은 거의 없다.

선택의 기준이다. '우리의 인생은 선택의 연속이다.' 무엇을 선택하든 오롯이 자신이 책임져야 한다. 목표는 인생의 기로(岐路)에 서 있을 때 선택의 기준이 된다. 지금 당장 누구를 만날지? 어떤 책을 읽어야 할지? 무엇을 더 배워야 할지? 시간을 어떻게 써야 할지? 뚜렷한 목표가 있어야 그 선택이 가능하다. 하루에도 수많은 선택을 한다. 하지만 뚜렷한 목표가 없다면 선택의 기준이 없어서 어려움이 따를 수밖에 없다.

목표를 왜 세워야 하는지 그 이유를 알아보았다. 좀 더 이해를 돕고자 재미있는 일화를 소개할 테니 목표의 중요성을 다시 한번 더 깨닫는 계기가 되었으면 한다.

아프리카에 한 추장이 자기 삶이 얼마 남지 않았음을 깨닫고, 추장직을 아들에게 물려주기 위해 세 아들을 데리고 사냥을 나갔다. 한참 동안 숲과 언덕을 헤치고 다니다가 작은 언덕 위 큰 나뭇가지에 독수리 한 마리가 앉아 있는 것을 보았다. 추장은 독수리를 사냥감으로 마음을 먹고 큰아들에게 물었다.

"아들아! 저 앞에 무엇이 보이느냐?"

큰아들은 "하늘도 보이고 나무도 보입니다."라고 대답했다. 추장은 크게 실망하고 둘째 아들에게 물었다.

"아들아! 저 앞에 무엇이 보이느냐?"

둘째 아들은 "나무가 보이고 나무에 앉아 있는 독수리가 보입니다."

라고 대답했다. 그래도 추장은 실망하는 것이었다. 이번엔 막내에게 물었다.

"아들아! 저 앞에 무엇이 보이느냐?"

막내아들은 "독수리가 보이는 데 두 날개가 있고, 그 날개가 마주치는 곳에 독수리의 가슴이 보입니다."라고 대답했다. 이 말을 들은 추장은 기뻐하며 큰소리로 외쳤다.

"아들아! 그곳을 향해 화살을 쏴라."

막내아들의 화살은 독수리의 가슴을 명중시켰음은 물론이고 추장은 막내아들에게 추장 자리를 물려주었다고 한다.

이 일화처럼 목표를 명확하게 그려낼 수 있는 사람만이 진정한 지도자가 될 수 있다. 그들이 숲으로 나온 목적은 사냥이었다. 하늘을 보거나 나무를 본 것은 목표를 제대로 세우지 못한 것이고, 막연하게 독수리를 본 것은 목표를 확실하게 세우지 않았다고 아버지는 본 것이다. 목적이 사냥이므로 화살을 쏠 수 있는 곳을 명확하게 정하고 활시위를 당겨야 명중할 수 있는 것이다.

목표와 관련된 또 다른 예를 들어 보자.

생물학자들이 온대 지방에 사는 꿀벌을 열대 지방의 섬으로 옮겨서 기후에 따른 꿀벌의 반응을 관찰하기 시작했다. 처음 몇 달간 꿀벌들은 본능적으로 겨울을 대비해 꿀을 모으기 시작했다. 하지만 세월이 흘러 겨울이 찾아오지 않는 걸 알고 꿀벌들은 점점 게을러졌다. 마침내 열심히 꿀을 채집하지 않아도 살아갈 수 있게 된 꿀벌들은 꿀을 채집하는 대신 사람들을 쏘아 대면서 시간을 흘려보내게 되었다고 한다.

사람도 이와 마찬가지가 아닐까 생각한다. 도전하고자 하는 목표가 없는데 어떻게 삶을 열정적으로 살아갈 수 있겠는가. 이처럼 명확한 목표가 없으면 모든 상황이 귀찮게 느껴질 뿐만 아니라, 삶의 의미와 가치도 느끼지 못하고 살아가게 된다.

명확한 목표를 세우고 인생을 살아가기 위해서는 먼저 스스로 던져야 할 질문이 몇 가지 있다. 이런 질문을 통해 목표를 좀 더 명확하게 세울 수 있는 계기가 되길 바란다.

질문 01. 미래에 이루고 싶은 꿈이 있는가?

만약 이 질문에 "예"라는 대답이 나왔다면 무사히 1차 관문을 통과한 사람이다. 단 한 번뿐인 인생을 살면서 원대한 꿈과 목표를 가슴에 품고 살지 않으면 절대로 자신이 원하는 인생을 살지 못하게 될 것이다.

질문 02. 꿈을 공개하고 있는가?

꿈을 세웠으면 혼자만 알고 있지 말고 주변 사람들에게 공개해야 한다. 평소 주변 사람들에게 꿈을 알리고 있다면 두 번째 관문도 통과한 것이다. 대부분은 꿈을 잘 공개하지 않는다. 혹시 말해 놓고 실천에 옮기지 못하면 창피하기 때문이다. 하지만 큰 꿈일수록 남들에게 공개하면 더 빠른 시기에 실현될 가능성이 크다. 그 이유는 조력자가 나타날 수도 있고, 공개적으로 선언했기에 중도에 포기할 확률도 낮기 때문이다.

질문 03. 꿈을 문서화시켰는가?

생각만으로 꿈꿔왔던 목표를 문서화시키면 훨씬 더 명료화시킬 수 있다. 어떤 꿈이든 세부 문서로 작성되었을 때 더 현실성 있는 목표가 된다. 머릿속에 있는 암묵지가 형식지로 바뀌는 과정에서 실천력이 생기기 때문이다. 이루고 싶은 목표가 있다면 꿈 기록장을 만들어 매일 적어서 잊어버리지 않도록 하자.

질문 04. 꿈을 이룰 마감 날짜는 언제인가?

꿈은 언제까지 이룰 것인지 마감 날짜를 설정해야 한다. 명확한 꿈을 세워 놓고도 마감 날짜가 없다면 평생 실현되기 어렵다. 반드시 목표를 세웠다면 마감 날짜를 설정해 보자. 그러면 하루하루 미루지 않고 실천할 가능성이 크다.

질문 05. 꿈을 매일 실천에 옮기고 있는가?

꿈이 현실이 되기 위해서는 실천 목표를 세워서 일과에 묻어나야 한다. 원대한 꿈과 목표를 세웠다손 치더라도 일과에 묻어나지 않는 꿈은 현실성이 없다. 말 그대로 꿈만 꾸다가 허송세월 보낸다.

이상 다섯 가지 질문을 모두 통과한 사람이라면 꿈이 실현될 가능성이 크다. '그냥 미치면 바보가 되지만 꿈에 미치면 신화가 된다.'라는 말처럼 간절히 원하는 큰 꿈을 향해 도전해 보자.

■ 꿈 찾는 방법

꿈을 쉽게 찾는 사람도 있지만 원하는 꿈이 무엇인지 모르겠다고 하소연하는 사람도 많다. 머릿속에 꿈이 그려지지 않는 사람이라면 다음 질문을 통해 생각해 보자.

① 삶에서 중요하다고 생각되는 가치와 의미는 무엇인가?
② 인생에서 중요하게 생각하는 세 가지는 무엇인가?
③ 앞으로 6개월밖에 살 수 없다면 어떤 일을 하고 싶은가?
④ 복권에 당첨되었다면 무엇을 하고 싶은가?
⑤ 두려움과 용기 부족으로 시도하지 못한 일은 무엇인가?

⑥ 좋아하는 일은 무엇인가?

⑦ 자부심과 만족감을 주는 일은 무엇인가?

⑧ 실패하지 않는다는 가정하에 하고 싶은 일은 무엇인가?

이 질문에서 공통된 바람이 있다면, 이는 곧 이루고 싶은 간절한 꿈일 수 있기에 그것을 목표로 세우면 된다. 또한, 이런 질문에 답을 할 때는 과거를 반영하여 한계를 짓지 말고, 미래의 가치를 반영하여 무한한 가능성을 예측하고 답해 보자. 지금까지 살아온 과거에 발목이 잡혀 '제한된 믿음'에서 원하는 꿈을 찾기란 여간 쉽지 않다.

■ 목표 달성 노하우

사람들이 목표를 향해 달려가지만 허황된 목표에 머물고 만다. 그 이유는 무엇일까? 바로 '실천력'이 부족하기 때문이다. 꿈을 세워서 도전하는 삶은 그 어떤 것보다도 바꿀 수 없는 소중한 삶이다. 이루고 싶은 목표를 향해 달려가는 삶은 의욕과 의미를 불러일으킨다.

꿈을 실현한 인물 중에 '폴 마이어'에 대해서 알아보자. 그는 가구를 만드는 독일계 이민자의 차남으로 미국에서 태어났는데 그리 유복하지는 못했다. 그는 16살 때 자두 따기 대회에서 세계 신기록을 세웠고, 18살에는 팔굽혀펴기 3500번을 해서 세계 신기록을 수립했다. 훗날 그는 보험회사에 들어가 미국 제일의 판매기록도 세운다. 다방면에서 세계적인 기록을 갖고 있는 폴 마이어도 보험 판매에서 처음부터 성공한 것은 아니었다. 19살 때 야망을 품고 보험회사에 취직했다가 3주 만에 쫓겨났던 적이 있었다. 그 이유는 그가 말을 더듬었기 때문이었다.

"당신은 세일즈맨으로는 가망이 없소. 다른 일거리를 찾아보는 게 좋겠소." 세일즈 매니저에게 해고당한 청년 폴 마이어는 다음과 같이 중얼거리면서 돌아섰다. "당신은 지금 세계 제일의 세일즈맨을 잃어버린 거야. 나는 성공할 수 있어! 반드시 세일즈맨으로 성공하고 말거야."그는 말을 더듬는 것을 부끄러워하지 않고, "나는 백만장자가 될 수 있다."라는 가능성을 굳게 믿었다. 그리고 매일같이 "나는 백만장자가 될 수 있다! 나는 백만장자다!"라고 외쳤다. 그뿐만 아니라 백만장자가 되기 위해서 모든 계획을 수립하고 실제 행동으로 옮겼다. 그 결과로 그는 전혀 가능성이 없다던 보험 판매로 불과 27세에 백만 달러의 판매기록을 올린 세일즈맨으로 성공하기에 이른다. 그 후 그는 자기가 어떻게 성공하게 되었는가를 연구하여 누구든지 성공할 수 있다는 '성공 프로그램'을 계발한다.

볼품없었던 폴 마이어가 대성한 비결, 그리고 누구나 응용하여 성공할 수 있다는 성공 프로그램의 골자는 한 마디로 성취동기의 계발이다.

"나는 되고 싶다."라는 야망을 "나는 될 수 있다."라는 신념으로 바꾸어 반복하여 자기암시를 하면 누구든지 성공할 수 있다는 것이다. 그가 말하는 '백만 불짜리 성공계획 5단계'는 다음과 같다.

제1단계: 목표 명확화

막연한 목표는 결과도 막연해진다. 성취하고 싶은 구체적인 목표를 분명하게 설정하는 것이 중요하다. 생각을 결정하는 것은 지금 자신이 어디에 서 있는가를 완전하게 이해하는 데에서부터 시작된다. 자기가 바라는 것을 기록하고 우선순위로 매긴 뒤, 제1순위의 것을 골라서 목표로 정하면 된다. 생물학자이자 교육자인 데이비드 스타 조단은 "세상은 자신이 지금 어디로 가고 있는지 알고 있는 사람에게 길을 열어 준다."라고 비전의 중요성에 대해서 언급했다. 이는 곧 명확한 목표의 중요성을 강조한 말이다.

제2단계: 목표 계획 및 마감 시한 설정

목표 달성을 위한 구체적인 행동계획을 세워야 한다. 행동계획에는 달성 기한을 정하는 것이 가장 중요하다. 어떤 일이든 '언제까지 하겠다.'라는 기한을 정했을 때 비로소 적극적인 행동과 열의가 생기기 때문이다. 달성 기한을 정하는 방법은 장기목표와 단기목표를 설정하고, 매시간, 매일, 매주, 매월 목표 달성의 경과를 신중하게 계획해야 한다.

제3단계: 욕망과 열정

불타는 욕망은 모든 행동에 최고의 동기를 부여한다. 성공을 향한 욕망은 성공 의식을 심어 주고, 곧 좋은 성공 습관을 만든다. 사무엘 울만이 말하기를 "세월은 피부에 주름살을 만들지만, 열정을 포기하는 것은 영혼에 주름살을 만든다." 이처럼 원하는 꿈을 이루기 위해서는 마음속으로 강한 욕망과 열정을 불태워야 한다.

제4단계: 자기 확신

실패의 가능성을 염두에 두지 말고 '할 수 있다!'라는 확신으로 시작해야 한다. 확신은 경험과 지식에서 나온다. 모르는 것에 대해서는 확신을 가질 수 없다. 지식은 꾸준한 학습을 통해 얻어지고, 경험은 실제 상황에 부딪혀 맞서 나아가는 데서 얻어진다. '확신 없이는 아무 일도 일어나지 않는다. 확신은 모든 성공 비결의 비밀 열쇠다.'라고 말한 피터 허시의 말처럼 목표를 세웠으면 확신을 하고 도전해 보자.

제5단계: 끈기

남들이 뭐라고 하던 환경과 상황이 어떻든 "기어이 해내고야 말겠다!"라는 의지가 있으면 반드시 성공한다. 기회는 기다리기만 하는 사람에게는 절대 오지 않는다. 싸워서 쟁취하고자 하는 사람만이 붙잡을 수가 있다. 뭐든지 하다가 그만두는 습관보다 성과가 나올 때까지 포기하지 않는 습관이 무엇보다 중요하다. 안되면 될 때까지 도전해 보자.

목표를 명료화시키는 방법은 'SMART 원칙'에 맞추어서 만든다. SMART 원칙은 목표가 가능한 구체적(Specific)이어야 하고, 성과를 측정(Measurable)할 수 있어야 하며, 실현할 수 (Attainable) 있고, 현실적(Realistic)이며, 마감 시한(Time-based)이 정해 져야 한다.

명확한 목표 설정이다. 애매한 꿈에서 목표를 구체화 시키는 작업은 필요하다. 아무리 큰 꿈도 내딛는 한 발에서 출발하기에 구체적으로 세우지 않으면 안 된다. 디즈레일리는 "성공의 비결은 그 목표가 뚜렷하고 변하지 않는 데 있다. 성공하지 못하는 것은 처음부터 끝까지 한 길을 가지 않기 때문이지 그 길이 험하기 때문이 아니다."라는 말을 했다. 명확한 목표 반대는 애매한 목표이다. '앞으로 돈을 많이 벌어야지!' '꼭 성공할 거야!'라는 이런 목표들은 없는 것보다는 낫겠지만 별 도움이 안 된다. 좀 더 구체화 시키지 않으면 평가조차 하기 힘들다.

예를 들어, '명강사가 되겠다!'라는 애매한 목표를 구체적인 목표로 만들어 보자. '매일 아침·저녁으로 책 읽기를 2시간씩 하겠다.' '강의 주제에 관련된 책을 읽고, 자료 수집을 매일 하겠다.' '매년 책을 2권 이상 집필하자.'로 세우는 것이 더 낫다.

경영학의 대가 피터 드러커도 "측정할 수 없는 것은 관리할 수 없다."라고 조언했다. 어렴풋이 머릿속에 있는 애매한 목표들을 문서화 하여 구체적인 목표로 만들어 보자. 예를 들어, '나는 사업을 30% 성장시킨다.' '나는 1억 원을 저축한다.' '나는 토익 점수 800점을 달성한다.' '나는 담배를 완전히 끊는다.' '나는 일주일에 규칙적으로 3번씩 운동한다.' '나는 가족회의를 일주일에 1번씩 한다.' 등과 같이 가능한 구체적인 숫자를 포함하는 것이 좋다.

꿈을 빼앗기지 않는 정신력이다. 누군가 당신의 꿈을 빼앗아 간다고 생각해 본 적이 있는가? 누구나 목표를 세우고 시작하기 전에는 뭐든지 다 할 것처럼 강한 의지력을 보인다. 시간이 지나면서 주변 가까운 사람들로부터 부정적인 말을 계속 듣다가 보면 점점 더 의지력이 약해지고 꿈을 포기하는 경우가 발생한다. 때에 따라서는 가까운 친구, 아내, 남편, 부모에 의해 꿈을 빼앗기는 경우가 종종 발생한다. 걱정하는 뜻에서 당부하는 조언일지라도 의지가 약하면 쉽게 그 말에 지배된다. 결국, 시도조차 못 해 보고 포기한다. 이럴 땐 강한 멘탈을 유지하기 위해서 데일리가 한 명언을 떠 올려 보자. '성공한 사람이란 다른 사람들이 자신에게 던진 벽돌로 오히려 기초를 쌓는 사람이다.'라는 말이다. 지금부터라도 주변 사람들에게 소중한 꿈을 빼앗기지 않도록 강한 정신력의 소유자가 되자.

목표 설정 마감일이다. 꿈이 있으면 그것을 언제까지 이룰 것인지, 반드시 마감 일자가 있어야 한다. 학창 시절을 떠올려 보면 과제를 언제 한 기억이 나는가. 대부분 제출기한 전날 밤에 정신없이 한 기억이 많을 것이다. 최종 마감 시간이 없는 목표는 단지 소망에 불과하다. 마감 날짜가 없는 목표는 매번 우선순위에 밀리기 쉽다. 언제든지 다시 시작하면 된다고 생각하기 때문이다. 마감 일자와 관련된 이론 중에 '파킨스의 법칙'이 있다. 이 법칙에 따르면 계획을 세울 때는 목표 달성에 필요한 시간을 넉넉하게 잡는 것보다, 다소 빠듯하게 잡아야 효과적이라고 한다. 사람은 시간이 많다고 일을 잘하는 게 아니라, 마감 일자가 분명하게 정해져 있을 때 업무 효율성이 높아진다.

꿈은 일과에 포함되어야 한다. 간절히 원하는 꿈이 실현되기 위해서는 24시간 중 일과에 포함되어야 한다. 장기적인 목표일수록 일과에 포함되지 않는 경향이 많다. 천천히 준비해도 문제가 되지 않을 것 같기 때문이다. '창업도 미래에 경제적인 여유가 되면 하겠다.' 또는 '정년 퇴임하고 퇴직금 받으면 그때 생각해 보겠다.' 이런 꿈들은 달성 가능성이 매우 낮다. 장기적인 목표라도 일과에 포함되어 있어야 실현 가능성이 생긴다.

예를 들어, 꿈과 관련된 책 읽기, 모임 갖기, 자격증 취득 등 미리 준비하면 된다. 절대 불가능해 보이는 꿈일지라도 작은 실천이 쌓여서 의지력도 생기고, 자신감도 생긴다. 앞으로 20년 30년 이후의 꿈과 목표라도 매일 단 5분이라도 실천해 보자. 아무것도 하지 않고 그날만을 기다리는 사람보다 훨씬 더 목표를 앞당기게 된다.

꿈 기록장 쓰기이다. 매년 연초가 되면 꿈을 많이들 세운다. 하지만 3개월이 채 가기도 전에 연초에 세웠던 꿈을 물어보면 잘 기억하지 못한다. 이런 사람이 되지 않으려면 꿈을 매일 생각하고, 말하고, 적어 보아야 한다. 매일 꿈을 기준으로 삼고 집중과 몰입을 하고 살아야지 바쁜 일상 탓을 하면 잊어버린다. 이제 이루고 싶은 목표에 집중할 수 있도록 매일 생각하고, 말하고, 적어 보자. '남과 다른 사람이 되려면 남과 다른 생각과 행동을 해야 한다.' 어쩌다 한번 꿈을 적는다고 해서 달성되는 것은 아니다. 하지만 꾸준히 반복해서 습관화시키면 이런 사소한 차이가 남다른 꿈을 이루는 사람이 된다.

꿈을 매일 상상하는 훈련이다. 꿈을 상상해 본 경험이 있는가? 미래의 내 모습은 어떻게 되어 있을까? '꿈은 꿈꾸는 자의 몫이다.'라는 말이 있다. 매일 꿈꾸는 대로 우리의 미래는 펼쳐진다. 현재의 모습은 과거의 생각이고, 미래의 모습은 현재의 생각에서 비롯된 결과이다. 매일 꿈꾸는 것이 현실이 된다면 무슨 생각을 하겠는가? 이왕이면 간절히 원하는 것을 매일 상상해 보자. 그러면 그 꿈들이 현실로 이뤄질 것이다. 퍼즐을 맞춰 본 경험이 있을 것이다. 퍼즐을 맞출 때 밑그림을 알고 맞추면 훨씬 빠르게 맞춘다. 우리의 인생도 마찬가지다. 미래를 상상하여 밑그림을 먼저 완성해 보자. 그러면 훨씬 더 빠른 시기에 원하는 꿈들이 현실로 바뀌게 될 것이다.

비전 모임 결성이다. 꿈과 연관된 사람들과 모임을 하고 있는가? 정기 모임을 통해 같은 꿈을 공유한다면 이것처럼 좋은 준비 과정도 없다. 큰 꿈을 꾸고 도전하더라도 장거리를 달리다 보면 힘이 빠질 수밖에 없다. 옛말에 '가까운 곳은 혼자 가고, 먼 곳은 함께 가라.'는 말이 있듯이, 목표 지점에 이미 도달한 사람들이나 같은 꿈을 꾸고 있는 사람들과 만나서 서로 정보를 공유한다면 훨씬 더 시너지 효과를 낸다. 여기서 말하는 시너지는 혼자서 도전하면 힘이 빠질 수 있지만, 서로 힘들 땐 도움을 주고받으면 더 쉽게 원하는 목적지에 도달할 수 있다는 의미를 내포하고 있다.

롤모델 찾기이다. 롤모델(Role model)은 특정인을 설정한 뒤에 성장할 때까지 그 인물을 본보기로 삼는 것을 의미한다. 본받고 싶은 인물을 찾고, 그가 쓴 자서전을 읽고, 그 사람의 노하우를 단시간에 습득해 보자. 그 인물이 해냈다면 당신도 역시 해낼 수 있다. 어떤 목표를 도전하든 반드시 지름길은 있다. 그 지름길은 이미 그 목표 지점에 도달한 사람만이 갖고 있다. 롤모델로 삼을 만한 인물 중에서 코카콜라 사장 로버크 우드와 테레사 수녀 그리고 손정의 회장이 있다.

코카콜라 사장 로버크 우드는 "내 세대에 전 세계 모든 사람들에게 코카콜라 한 잔이라도 맛보게 하는 것이다."라는 말로 목표를 선언했다. 그는 기자들에게 "내 혈관에는 피가 아니라, 코카콜라가 흐른다."라고 말한다. 자신이 하는 일에 대한 열정과 비전을 앞세워 사업을 전개했던 인물임에 틀림이 없다.

그리고 두 번째 인물로는 테레사 수녀를 꼽을 수 있다. 그녀는 1946년 하나님께서 주시는 꿈을 받았다고 한다. 그녀는 꿈을 꾸고 나서 이렇게 외쳤다. "나에게는 동전 세 개가 있고, 하나님께서 주신 꿈이 있습니다. 이제 이것으로 고아원을 세우려 합니다." 이 말을 들은 동역자들은 그녀를 비웃었다. "동전 세 개로 무엇을 한단 말인가?" 그러나 그녀는 하나님께서 주신 꿈을 이루기 위해 2년 뒤 수도원을 떠났다. 그때 그녀는 이런 말을 남겼다.

"주여! 이 밤에 어디서 자야 하며, 내일 아침은 어디서 먹어야 하며, 이 옷이 해지면 무엇을 입어야 할지 저는 모릅니다. 오직 하나님만 따라가오니 제 일생을 인도해 주소서." 이렇게 시작된 그녀의 꿈은 전 세계에 100군데나 넘는 고아원을 세웠으며, 그녀 자신은 인도 캘커타 빈민촌의 성녀가 되어 수많은 영혼을 돌보았고, 후일 노벨 평화상까지 받게 되었다.

또 다른 인물로 일본 최고의 벤처사업가로 불리는 손정의 회장이다. 자신만의 큰 인생 목표를 세워 과감히 도전하여 전 세계를 깜짝 놀라게 한 사람이다. 그의 운명을 바꾸어 놓은 것은 고교 1학년 때 떠난 미국 서부의 배낭여행 때문이었다. 드넓은 땅과 자유로운 공기 속에서 손정의는 세계 일류 기업가가 되겠다는 큰 꿈을 세우기 시작한다. "20대에 이름을 얻고, 30대에 1천억 엔 이상을 모아서 40대에 정면승부를 건다. 50대에 사업을 마무리 짓고, 60대에는 미련 없이 후계자에게 기업을 물려주겠다."라는 인생 목표를 세웠기 때문에 오늘날의 손정의가 탄생하게 된 것이다.

이처럼 우리가 꿈꾸고 있는 인물 중에서 내가 원하는 꿈을 이미 달성한 인물들을 조사하고 롤모델로 삼아 보자. 이런 작은 실천들이 모여 각자 원하는 꿈을 이룰 수 있게 동기를 유발한다.

자료 수집 활동이다. 꿈과 연관된 자료를 수집하기 위해서는 논문과 자기 계발 서적 또는 인터넷에 사이트 삼성경제연구소, LG경제연구소, 카페, 블로그, 트위트, 페이스북, 유튜브 등 다양한 곳에서 할 수 있다. 목표를 달성하기 위해서는 그 분야에 관한 정보는 필수 요소다. 수집된 정보를 통해서 더 올바른 판단력과 결단력을 내릴 수 있기 때문이다. 자료 수집 활동은 과제처럼 누가 시켜서 억지로 하면 별 의미가 없다. 관심 분야에 흥미를 갖고 몰입하여 자발적으로 해야 효과적이다. 명확한 목표를 세우고 몰입하면 관심 분야만 눈에 들어오기 마련이고, 인터넷을 검색하더라도 자주 방문하는 사이트가 생길 수밖에 없다. 이렇게 수집된 자료와 정보들은 동기를 유발하게 만든다. 그 이유는 목표에 관한 전문 지식이 쌓이면 쌓일수록 독창적인 아이디어가 떠올라 성공을 향한 발걸음을 재촉하기 때문이다.

장기목표 우선순위를 두는 것이다. 대부분은 장기목표보다 단기목표에 우선순위를 두게 된다. 단기 목표가 더 현실성이 있고, 측정이 가능하기 때문이다. 눈에 보이지 않는다고 해서 장기목표를 소홀히 한다면 오히려 단기목표에 매몰되어 가치 있는 일을 소홀히 하게 된다. 미래의 꿈은 장거리를 경주하는 마음으로 접근해야지 단거리를 경주하듯이 빨리 뛰다가는 실패할 수밖에 없다. 우리의 인생은 장거리 경주이다. 장거리 마라톤을 뛰면서 단거리 경주처럼 달려가면 기권할 수밖에 없다. 친구가 일찍 성공했다고 해서 부러워할 것 없다. 현 위치에서 꾸준히 자기 계발에 매진하여 성장 지대의 삶을 살면 성공의 기회는 반드시 오기 때문이다. 또한, 단기목표 관점에서 바라본 실패나 실수는 뼈아픈 상처로 느껴지지만, 아무리 큰 실패도 장기목표 관점에서 바라보면 그 경험은 단지 성공을 위한 과정에 불과하다. 목표가 크면 클수록 더 큰 실패를 이겨내야지만 성공한다. 세계 최고의 대중 연설가를 꿈꾸면서 작은 실수에 괴로워하고 있다면 내가 원하는 큰 꿈은 달성하기 어렵다. 100억을 목표로 삼고 도전하는 사람이 단 1억도 손해 보지 않고 성공할 수는 없다. 이처럼 단기목표 관점에서는 실패처럼 보이지만, 장기목표 관점에서 바라보면 과정에 불과하다는 걸 절대 잊지 말자.

■ 사명서 작성

누군가에게 인생을 살아가는 이유를 물으면 무척 당황해하거나 이런 질문은 꺼린다. 사실 이런 질문은 정답이 없다. 그러나 정답이 없는 질문이라고 해서 생각을 꺼린다면 삶의 '진정한 의미'를 모른 채 열심히 살고도 나중에 후회하게 된다. 이런 고민을 해결해줄 방법은 사명서 작성으로 많은 도움이 된다. 사명은 각자 이루고 싶은 목표에 대한 뚜렷한 목적의식을 심어 주기 때문이다.

일제 강점기 때 김구 선생에게 '당신의 사명은 무엇입니까?'라는 질문에 이렇게 대답했다. "첫째도 독립이요. 둘째도 독립이요. 셋째도 독립이다!" 대부분은 사명의 중요성에 대해서 잘 알고는 있지만, 막상 작성하려고 하면 어려움이 따른다. 그 이유는 크게 세 가지다.

사색 시간의 부족이다. 하루하루 다람쥐 쳇바퀴 속에 사는 게 힘들고 바쁜 나머지 사명에 대해서 깊이 생각할 시간이 부족하다. 사람이 태어나서 죽을 때까지 '나는 어떤 모습으로 인생을 살아갈 것인가?'에 대한 끊임없는 질문을 해야 한다. 하지만 정작 현실은 바쁘다는 핑계로 사색의 시간이 턱없이 부족하다.

배움의 부족이다. "당신의 사명은 무엇입니까?"라는 질문에 '사명'이라는 의미를 몰라서 말하지 못하는 사람도 많다. 학교에서 사명에 대한 교육을 받지 못했기 때문이다. 어떤 사람은 "우리는 그런 거 몰라도 잘 살아왔다."라고 반문하기도 한다. 하지만 사명은 유명한 사람들만 세우는 그런 목표가 절대 아니다. 직업과 상관없이 누구나 한 번뿐인 소중한 인생을 잘살기 위해 깊이 생각해 보고 어떻게 하면 후회 없는 삶을 살 것인지 그 생각들을 글로 표현하면 된다.

이타심의 부족이다. 목표는 이루고 싶은 것이라면 사명은 이루고 싶은 목표를 통해서 타인에게 어떤 선한 영향력을 줄 것인가에 대한 명백한 이유를 의미한다. 그래서 목표만 있고 사명을 세우지 않으면 끈기와 의지력이 부족하여 조금만 힘들면 포기하게 된다. 이처럼 사명서 작성은 사색하는 시간이 필요하고, 사명에 관한 지식이 있어야 하고, 이타심을 갖춘 의식 수준이 형성되어 있어야 작성할 수 있다. 사명서 작성에 대한 이해를 돕고자 직접 작성한 '나의 사명서'를 소개한다.

나의 사명서

작성자: 김상언

사명 1.
쾌락주의 삶에서 벗어나 의미와 가치성 있는 삶을 살아갈 것이다.

사명 2.
안전지대의 삶에서 벗어나 성장 지대의 삶을 살아갈 것이다.

사명 3.
타고난 끼와 재능을 피나는 노력을 통해 능력으로 만들면, 그 능력을 발휘할 수 있도록 방법을 알려 줄 것이다.

사명 4.
의식 수준을 높이기 위하여 독서의 중요성을 깨닫게 하고, 매일 독서 하는 습관을 길러줄 것이다.

사명 5.
셀프 코칭 수업으로 언행일치하는 인재를 양성하여 인성교육의 발전에 기여할 것이다.

사명 6.
인생의 목적인 성공과 행복, 자유와 건강한 삶을 누릴 수 있도록 솔선수범할 것이다.

사명 7.
인풋 대비 아웃풋을 잘하여 자기 인생 무대의 주인공으로 살아갈 수 있도록 열정을 불어 넣을 것이다.

나의 인생 사명서

나는 앞으로 훌륭한 ______________________ 될 것이다. 성공과 행복은 마음먹기에 달렸기 때문이다.

나는 목표를 이루기 위하여 집중과 몰입을 실천할 것이다.

나는 목표를 이루기 위하여 매일 학습을 반복할 것이다.

나는 목표를 이루기 위하여 끈기 있게 도전할 것이다.

나는 잠재 능력을 깨우기 위하여 도전을 겁내지 않을 것이다.

나는 이 세상을 더욱더 살기 좋은 환경으로 만들어 갈 것이다.

나는 원대한 꿈과 목표를 달성하여 이 사회의 성장과 발전에 이바지할 수 있는 인물이 될 것이다.

나 __________은(는) 이 사명 서약서를 매일 큰 소리로 읽고, 실천할 것이다.

날짜 ________________ 서명 __________

■ 로드맵 작성

꿈을 이룬 사람과 이루지 못한 사람은 어떤 점에서 차이가 날까? 궁금하지 않은가? 누군가는 꿈을 이루며 살고 누군가는 꿈만 꾸다가 인생을 마감한다. 꿈을 이룬 사람은 문제 앞에서 포기하지 않고 '다양한 방법으로 도전하여 문제 해결 능력'을 갖춘 사람들이다. 이것이 바로 로드맵 작성의 목적이다.

꿈을 이루기 위해서는 다양한 대비책을 세워야 한다. 꿈을 이루는 과정은 자기만의 아주 명확한 로드맵을 만들어서 매일 노력하는 사람과 그렇지 않은 사람과는 분명한 차이를 보인다. 하루하루 다람쥐 쳇바퀴 돌듯이 반복적으로 무의미하게 살아가는 사람과 자신의 꿈을 이루기 위해 다양한 로드맵을 작성하고 인생을 살아가는 사람은 차이가 날 수밖에 없다.

간절히 원하는 큰 꿈을 이루기 위해서는 다양한 로드맵을 생각해 두어야 한다. 그 이유는 꿈이 클수록 더 많은 난관을 헤쳐 나아가기 위한 해결책이 필요하다. 한마디로 꿈을 이루기 위한 다양한 전략이 필요하기 때문이다.

지금부터라도 시련에 맞서 싸워 이길 수 있는 다양한 로드맵을 구상해 보자. 문제에 초점을 맞추지 말고, 그 문제를 해결하는 데 초점을 두고 생각해 보자. 정상을 오를 때 그 방법은 수없이 많듯이, 이루고자 하는 꿈을 향해 도전할 때도 다양한 성공 로드맵을 구상하여 대비책을 세우자. 같은 일을 하더라도 그 방법은 다양하기 때문이다.

예를 들어, 직업이 강사라고 가정했을 때 수익 실현 방법에 따른 비즈니스 모델은 다양하다. 학원 운영, 초중고등학교 출강, 관공서 특강, 기업체 특강, 문화센터 출강, 1:1 코칭, 그룹 코칭, 온라인 강의, 책 쓰기,

기고문 글쓰기, 면접 코칭, 심리 코칭, 행동 코칭, 멘탈 코칭, 소통 코칭, 독서 코칭, 부자 코칭, 부부 코칭, 원데이 클래스, 1박 2일 연수 등 다양한 방법으로 비즈니스 모델을 전개할 수 있다. 예전에는 길이 없으면 가지를 말라고 했지만, 4차 산업혁명 시대는 없는 길도 만들어 낼 수 있는 역량을 갖춰야지만 살아남을 수 있다.

■ 꿈 기록장 실습

꿈은 '꿈꾸는 자의 몫'이라는 말이 있다. 이 말대로라면 누구나 쉽게 꿈을 이루며 살아갈 것 같지만 현실은 그렇지 않다. 그렇다면 대부분이 꿈을 이루지 못하는 이유가 무엇일까? 꿈을 이룬 사람들은 남다른 탁월한 재능과 능력의 소유자였을까? 많은 연구 자료에 따르면 일반 사람들과 별반 차이가 없었다고 한다. 하지만 아주 '사소한 습관'에서 차이를 보인다. 그 차이가 무엇일까? 대부분은 바쁜 일상에서 연초에 세웠던 꿈과 목표들을 잊고 살아간다. 타고난 재능과 능력이 부족하거나, 인맥이 부족하거나, 돈이 부족하거나, 학력이 부족해서 꿈을 이루지 못하는 건 아니다. 단지 '꿈을 잊어버렸기' 때문이다. 그렇다면 꿈을 잊어버리지 않고 매일 실천하는 방법은 무엇이 있을까? 그 방법은 매일 꿈을 생각하고, 말하고, 적으면 된다.

누군가가 꿈을 갑자기 물어볼 때 그 순간 생각해낸 꿈은 현실성이 없다. 하지만 매일 수천 번 수만 번 머릿속에 꿈을 상기시킨 사람은 가능성이 크다. 반복적으로 '꿈 기록장'을 만들어서 매일 기록하는 습관을 들이자. 이런 단순하고 반복적인 행동이 꿈을 잊어버리지 않고 일과에 묻어나게 할 수 있다.

꿈 기록장을 작성할 때 주의할 점은 10년 20년 먼 미래의 꿈만 꾸지 말고, 현실성 있는 1년 이내의 목표도 적어 보자. 그렇지 않으면 꿈을 도전하다가 쉽게 포기하기 때문이다. 매일 실천할 수 있는 꿈의 목록을 만들자. 예를 들어, 미래지향적인 관점에서 '세계 최고의 대중 연설가가 되자.'라고 최종 목표를 세웠다면 이것을 좀 더 현실성 있는 목표로 바꿔 보자.

"올해 안에 전국 순회강연을 시작하자."
"TV 출연에 도전해 보자."
"온라인 강의 영상을 올려서 사업화하자."

이렇게 세분화시킨 목표는 단기간에 성취감도 맛볼 수 있고, 지금 현재 내 꿈이 실현되고 있는지 측정도 할 수 있다. 측정하지 못하면 바꿀 수 없다. 대부분 꿈을 이루지 못하는 사람들은 능력이 없어서가 아니

날짜	단기적인 목표 (1년 이내)	달성 여부	날짜	장기적인 목표 (1년 이상)	달성 여부
(/)	① ② ③ ④ ⑤ ⑥ ⑦		(/)	① ② ③ ④ ⑤ ⑥ ⑦	
(/)	① ② ③ ④ ⑤ ⑥ ⑦		(/)	① ② ③ ④ ⑤ ⑥ ⑦	

라, 꿈을 잊어버려서 실천하지 못한 사람들이다. 꼭 명심하자. 매일 아침 꿈을 생각하고, 말하고, 적어 보자.

■ 미래의 일기 쓰기

보통 일기는 하루 중 자신의 잘못을 뉘우치는 차원에서 쓴다. 하지만 미래의 일기는 이미 소망한 꿈이 실현되었다고 가정하고, 상상력을 발휘하여 현실감 있게 써야 한다. 그런 의미에서 나의 미래 일기장을 먼저 공개한다.

"오늘 3천 명의 청중에게 셀프 코칭 강의를 통해 희망의 메시지를 선물했다. 그랬더니 하나 같이 내 말에 동조하여 자신의 과거 잘못된 생활 습관을 깊이 반성하고 올바른 습관으로 바꾸겠다고 다짐하였다. 방송국 EBS, KBS, MBC, UBC, SBS 등에서 셀프코칭 교육 과정에 관한 내용으로 방송 출연하여 12주 차 시리즈 강의를 녹화하고 왔다. 그리고 몇 년 전부터 계획해 왔었던 유럽 여행을 위해서 크루즈 여행사에 예약하고 다음 주에 출발 예정이다. 온 가족이 한 달 동안 여행을 다녀올 준비를 위해 강의 스케줄을 맞추고, 여행 동안 입을 옷들을 사기 위해 가족과 함께 백화점과 아울렛 매장에서 멋진 정장과 드레스를 샀다."

이처럼 현재형 문장으로 미래의 청사진을 그대로 글로 표현하면 된다. 처음에는 어색하겠지만 반복해서 미래의 일기를 작성하다가 보면 현실처럼 와닿는 느낌이 든다. 먼 훗날 이런 꿈들이 바라는 대로 달성되면 이루 말할 수 없이 행복할 것이다. 지금 당장 간절히 원하는 미래를 과거의 제한된 믿음 없이 상상하여 미래의 일기를 작성해 보자.

나의 꿈의 목록

당신이 갖고 싶고, 가고 싶고, 이루고 싶은 모든 일을 꿈의 목록으로 작성해 보자. 꿈의 목록이 구체화될수록 하루 실천 목표가 되어 매일 행동으로 옮길 수 있다.

시작 기점	내가 원하는 것	구체적인 실천 사항	언제 까지

STEP 02

반복

학습

“머리가 나빠서 기억을 못 한 게 아니라, 반복하지 않아서 기억을 못 한 것이다.”

– 김상언

여기서 말하는 반복은 앞서 소개한 명확한 목표가 설정된 상황을 가정하에 실천이 가능하다. 어디를 갈지 모르는 사람에게 도움을 주거나 돈을 준들 무슨 소용이 있겠는가? 배워도 무엇을 배워야 할지 모르고 있다면 시간 낭비만 될 뿐이다.

반드시 명확한 목표를 세우고 그와 관련된 지식을 쌓아야 한다. 만약 목표에 관련된 전문 지식을 쌓지 않고 도전을 반복한다면 10번을 도전해도 그 결과는 똑같을 수밖에 없다.

예를 들면, 1차 도전하고 실패하고, 2차 도전하고 실패하고, 3차 도전하고 실패하다가 결국 마지막 결과는 포기밖에 없다. 하지만 1차 도전하고 실패하면 배우고 2차시 다른 방법으로 도전하고, 또 실패하면 다시 배우고 3차시 또 다른 방법으로 도전하고, 또 실패하면 다시 배우고 4차시 또 다른 방법으로 도전하다가 보면 결국에는 성공으로 이어질 수 있다.

결국, 배움의 진정한 이유는 실패했을 때 같은 방법이 아닌 다른 방법으로 도전하기 위한 지혜를 얻기 위함이다.

우리는 배움을 별로 좋아하지 않는다. 그 이유는 아마도 학창시절의 공부 경험 때문일 것이다. 중간·기말 고사를 치르기 위해서 열심히 암기해서 시험을 치른 경험이 먼저 떠오른다. 책 한 권을 읽어도 자신이 읽고 싶은 책을 선정해서 읽기보다 의무적으로 읽고 독후감 쓴 기억밖에 없다. 진정한 의미와 가치를 찾기보다는 어쩔 수 없이 해야만 하는 의무감이 '배움의 미학'을 느끼지 못하게 만들었다. 공부하는 이유가 학창시절부터 왜곡되었다. 진짜 공부가 아닌 가짜 공부에서 싫증이 난 게 분명하다.

이제 배움이 즐겁고 의미와 가치가 있으려면 어떻게 시작하면 좋을까?

명확한 목표와 목적을 설정하고 그 목적에 맞는 학습 계획을 세우고 실행에 옮길 건지 결정해야 한다. 과거 의무교육의 단점은 실용학문을 하지 못했다. 각자 타고난 끼와 재능이 다르기에 적성과 관심 분야에 맞게 원하는 방식으로 학습해야 한다. 이렇게 말하면 대부분 이런 질문을 하는 사람이 있다.

"적성과 관심 분야가 무엇인지 잘 모르겠는데 어떻게 하면 찾을 수 있을까요?" 그 방법은 '경험'밖에 없다. 경험은 다시 둘로 나뉜다. 직접경험과 간접 경험이다. 둘 다 좋은 방법이지만 가장 효율적인 방법은 간접 경험이다. 그래야 시간과 비용을 최소화할 수 있기 때문이다.

그렇다면 간접 경험으로 시간과 비용을 최소화하면서 가장 효율적인 학습 방법은 무엇일까? 그것은 바로 '독서'이다. 책은 거짓말을 하지 않는다. 학습자의 적성과 관심 분야가 무엇인지 찾기에는 안성맞춤이다. 독서가 주는 배움의 효과는 이루 말할 수없이 많지만 직접 읽어본 경험자의 토대로 몇 가지만 소개한다.

전문가의 탄생이다. 흔히 '전문가가 되어야 한다.'라고 말하면 부담부터 느낀다. '대학원을 졸업해서 박사 학위를 받아야 하나?' '아니면 책을 몇 권 출간해서 유명 인사가 되어야 하나?' 이런 생각은 전문가의 탄생에 대한 오해에서 불러온 것이다. 요즈음은 예전과 다르게 학습하기 어려운 환경이 아니다. 누구나 마음만 먹으면 유튜브나 온라인 강의로 학위까지 받을 수 있을 뿐만 아니라, 인근 도서관에만 가도 다양한 책을 읽을 수 있다. 이처럼 전문가의 탄생이 너무 쉬워졌다. '책을 읽지 않는 전문가는 없다.' 독서는 전문가가 되기 위한 선택이 아닌 필수임을 깨달아야 한다.

성장 지대의 삶이다. 안전지대의 삶에서 벗어나 성장 지대의 삶을 살기 위해서는 독서만큼 좋은 게 없다. '고인 물은 썩는다.'라는 말처럼 배움을 멈추면 고인 물이 된다. 지식은 계속해서 발전하고 성장하기에 배움을 멈출 수는 없다. 변하지 않는 종은 죽는 것처럼 성장하지 않는 사람은 설 자리를 잃게 된다.

문제 해결의 원천이다. 인생은 문제의 연속이다. 누가 앞장서서 이런 문제를 잘 해결하느냐에 달렸다. 매일 반복되는 일상 속에서 새로운 문제를 해결하긴 힘들다. 다시 기존과 다른 방법으로 새로운 문제 해결책이 나와야 한다. 이때 머리를 싸매고 고민한다고 해서 해결책이 나오지는 않는다. 독서를 통해 끊임없이 새로운 정보와 지식이 인풋 될 때 그 문제를 해결할 솔루션을 찾게 된다.

심리적 안정이다. 책을 읽으면 강한 멘탈의 소유자가 된다. 특히 자존감 관련 분야의 책을 읽으면 경쟁에서 벗어나 창조하는 마인드가 확립된다. 자신을 아무 조건 없이 사랑하는 마음은 곧 경쟁에서 벗어나는 지름길이다. 책을 통해 마음의 그릇이 커지면 남들보다 앞서가는 인생은 무의미하다는 것을 깨닫고 어제의 자신보다 성장하는 삶이 의미 있다는 것을 알게 된다.

돈 그릇이 커진다. 부자가 되고 싶다면 돈 그릇이 커야 한다. 그릇의 크기만큼 자산이 모이기 때문이다. 부자와 경제 관련 책을 읽으면 돈 그릇을 크게 키울 수 있다. 올바른 투자 방법과 부자들의 생활 습관을 벤치마킹할 수 있다. '아는 만큼 보이고, 아는 만큼 실천한다.' 아는 게 많아야 위험을 안고 투자할 수 있는 안목도 생긴다. 억만장자가 되는 지혜를 가장 빠르게 습득할 수 있는 지름길은 독서만큼 좋은 게 없다. 투자와 투기는 한끗 차이다. 투자한 기업에 따른 재무 분석 및 미래의 성장가치에 관한 통찰력이 있으면 투자이고, 주변 이야기와 뉴스만 보고 도전하면 투기에 가깝다.

동기 유발 효과가 있다. 의욕은 어디에서 나올까? 사람마다 동기부여 받는 수단은 다르다. 하지만 가장 확실한 건 독서를 통해 아는 것이 많으면 동기가 생겨서 하고 싶은 것도 많아진다. 인생을 어떻게 살아야 더 보람 있고 알찬지를 깨닫게 된다. 다양한 경험과 사례를 통해서 교훈을 얻다가 보면 '인생을 무의미하게 살아서는 안 되겠다.'라는 생각이 들게 된다. 이제 정보화 시대적 상황에 발맞추어 뒤떨어지지 않으려면 독서를 통해 끊임없이 전문성을 쌓아가자.

■ 학습자의 끝은 교수자다!

사람은 태어나서 죽는 날까지 배움을 지속한다. 그래서 평생교육을 해야 한다. 정규 교육인 유치원부터 시작해서 대학원까지 배우고, 사회에 나가서도 배움을 지속한다. 그런데도 그 배움이 배움으로 끝나는 경우가 많다. 무엇이 문제일까?

우리나라는 OECD 국가 중에서 고등교육 진학률이 세계 1등이다. 그에 비해 그 결과물은 미미하다. 그 원인은 무엇일까?

지식은 크게 두 종류로 나뉜다. 누군가에게 설명할 수 있는 지식과 설명할 수 없는 지식이다. 결국, 배운 내용을 설명할 수 있는 사람과 설명할 수 없는 사람으로 나뉜다. 아무리 많이 배워도 그 내용을 누군가에게 설명하거나 가르칠 수 없다면 알고 있다고 착각하는 것이다. 이를 두고 메타인지(Metacognitive)라고 한다. 즉 내가 아는 것과 안다고 착각하는 것을 파악하는 능력으로 자신을 정확하게 파악하는 능력을 말한다. 공부를 잘하는 학생이 메타인지 능력이 높다. 배운 내용을 아는 것과 모르는 것을 정확하게 구분하여 부족한 부분을 스스로 채울 수 있기 때문이다.

이제 배움은 학습자와 교수자를 구분할 필요가 없다. 그 분야에 대해서 모르면 학습자가 되고, 그것을 깨우쳐서 남을 가르칠 수 있으면 다시 교수자가 된다. 학습자에 대한 평가가 시험이나 발표 형식으로 끝나

학습 방법에 따른 기억의 비율 — 윌리엄 글래서

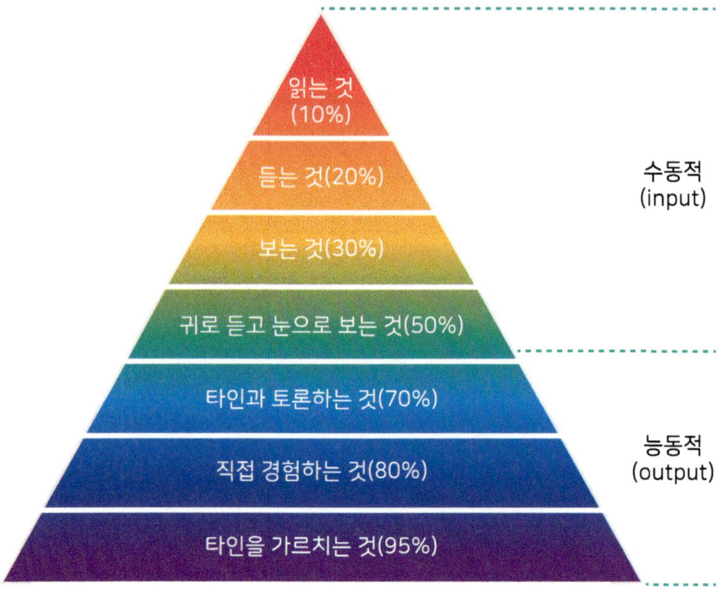

면 안 된다. 이런 평가 방식은 배운 지식을 무용지물로 만들고 발표자에게 대중 공포증만 유발할 뿐이다. 배움은 활용할 수 있어야 하고, 재미나고 즐거워야 한다. 학습은 지혜와 가르침이 목적이 되어야 한다. 누구나 배우면 모르는 사람을 가르칠 수 있다. 꼭 선생님이나 교수 신분이 아니더라도 모르는 사람을 가르칠 수 있다. 이제 학습의 목적은 입시와 취업 또는 자격증 취득이 아니라, 창의성과 성장성 더 나아가서는 이 사회를 위해서 도움을 줄 수 있는 인재가 되기 위한 목적으로 공부를 해야 한다.

■ 헤르만 에빙하우스의 망각 곡선

독일의 심리학자 헤르만 에빙하우스는 1885년 《기억에 관하여》라는 책에서 망각 곡선을 제시하였다. 망각 곡선은 시간이 지날수록 학습한 내용을 얼마나 빨리 잊어버리는지에 관한 연구 결과이다.

망각 곡선은 시간이 지날수록 얼마나 많은 정보를 기억하는지를 측정한 것이다. 암기한 후 10분이지만 망각이 시작되고, 한 달 이상 지나면 무려 학습 내용 80%를 망각한다. 이런 망각의 속도를 극복하는 방법은 바로 학습 내용을 반복하는 것이다. 결국, 반복은 망각의 속도를 늦추고 단기 기억을 장기 기억으로 만들어 주는 역할을 한다.

대부분 책을 읽으면 며칠을 못 가서 잊어버린다. 그래서 독서는 별로 도움이 안 된다고 말하는 사람도 있다. 하지만 독서를 할 때도 효율적인 방법으로 해야 그 내용을 기억하고 나중에 실천까지 가능하게 만든다. 독서를 효과적으로 학습하는 방법을 배워 보자.

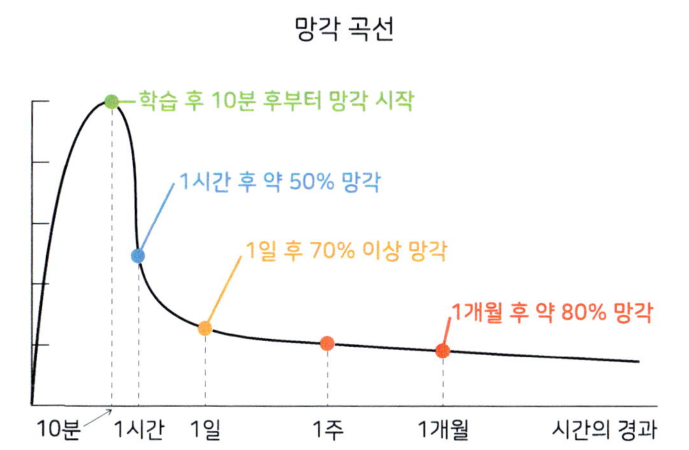

목적성 있는 독서이다. 지금까지 독서는 의무감에 읽었다면 이제부터 목적성 있는 독서 습관으로 바꿔 보자. 한 권의 책을 읽더라도 선정한 이유가 분명하게 있어야 한다. 만약 무작정 읽게 되면 시간 낭비에 불과하고 성과로 이어지지도 않는다. 시대 변화에 뒤처지는 게 두려워 읽는다면 좋은 태도가 못 된다. 팔방미인이 되려고 하지 말고 전문성을 쌓기 위해 읽어야 한다. 전문가의 학습 태도는 다방면에 지식을 쌓기보다 뚜렷한 목적성을 갖고 집중과 몰입해서 책을 읽는다.

책을 잘 고르는 방법이다. 유튜브에서 추천하는 책을 고르거나, 베스트 셀러라서 읽거나, 말초 신경을 자극해서 읽거나, 의무감에 읽는 책은 큰 도움이 안 된다. 독서는 시작할 때 마음가짐이 중요하다. 처음부터 쾌락주의 위주의 책을 선정한 사람은 계속해서 그런 책만 골라서 읽게 된다. 이와 반대로 목적성을 갖고 의미와 가치성을 두고 읽는 사람은 자신이 원하는 꿈을 실현할 가능성이 크다. 적어도 전문가라는 호칭을 듣고 싶다면 제대로 된 책을 선정해서 읽어야 한다. 책은 저자의 직업과 경험에 따라서 그 내용이 달라진다. 저자의 약력과 어떤 경험을 토대로 책을 집필했는지 알고 선정해야 한다. 그렇지 않으면 다양한 책을 읽고 짜깁기 한 책을 읽게 된다. 이런 우를 범하지 않으려면 저자의 직업을 참고하여 책을 쓴 제목하고 일치해야 독창성을 갖춘 좋은 책을 고를 수 있다.

밑줄 긋기이다. 책을 읽을 때 사람마다 습관이 다르다. 그냥 눈으로 읽는 사람, 손으로 짚어가면서 읽는 사람, 무조건 밑줄을 그어가면 읽는 사람 등 아주 다양하다. 그런데 가장 효율적인 방법을 알려드리면 핵심적이고 중요한 문장을 찾아서 밑줄을 긋는 방법이다. 왜 밑줄을 긋는 게 도움이 될까? 책을 아무리 꼼꼼하게 읽어도 다 기억할 수는 없다. 그래서 가장 핵심적인 내용을 정리하기 위한 일환이다. 나중에 반복해서 읽을 때 엄청난 효과가 있기 때문이다. 건축할 때도 골조가 있어야 튼튼한 건물을 짓듯이 책도 핵심 뼈대를 기반으로 책을 쓴다. 그 뼈대 역할을 하는 문장을 찾아서 밑줄 긋는 방법은 그만큼 책을 빠르게 학습하는 효과를 본다.

느낀 점과 교훈 찾기이다. 같은 책을 읽어도 독자의 마음가짐과 태도에 따라서 다르게 읽힌다. 각자 책을 읽으면서 느끼는 감정과 교훈을 그 순간에 정리해 두지 않으면 나중에는 알 수가 없다. 물론 속독으로 책을 읽는 사람에게 느낀 점과 교훈 찾는 사색의 시간은 시간 낭비쯤으로 여겨질 수 있다. 하지만 절대 그렇지 않다. 모든 글과 말을 할 때는 다른 사람들의 경험과 일화를 인용해서 표현할 수는 있지만 빠져서는 안 될 요소가 있다. 저자의 생각과 연사의 견해이다. 이 부분이 빠지면 책을 쓴 저자와 말하는 연사의 독창성은 없다고 본다. 결국, 나중에 좋은 결과물을 만들어 내기 위한 목적으로 책을 읽는다면 순간 떠오르는 느낌과 감정을 잘 정리해 두는 것이 무엇보다도 도움이 된다.

핵심을 정리한다. 요즈음 책 중에는 앞서 내용을 설명하고 다시 후반부에 요약 정리한 책들이 많다. 물론 그 내용만을 별도의 노트를 마련해서 정리하는 것도 좋다. 하지만 각자 원하는 목적과 관심 분야가 다르기에 그런 핵심 내용도 일치하지는 않는다. 각자 생각에 따라서 다르게 해석이 될 수 있기 때문이다. 스스로 판단해서 밑줄 친 내용을 정리해 두는 게 더 효과적이다. 처음에는 정리하는 시간이 귀찮고 낭비되는 것처럼 느껴지기 마련이다. 하지만 많은 책을 읽어도 정리해 두지 않으면 소용이 없다. 절대 시간 투자 대비 몇 배의 효과를 볼 수 있으니 이 과정을 건너뛰지 말기 바란다.

토론과 발표 및 가르치기이다. 사실 배움의 끝은 시험이 아니다. 배움의 끝은 기억과 창조이다. 시험을 치르기 위해 배운 것과 가르치기 위해 배운 것은 엄연한 차이가 난다. 기억과 창조를 하는데 어떤 게 더 효과적일까? 전자일까? 후자일까? 정답은 모두 알고 있다. 독서도 마찬가지다. 배웠으면 그 내용을 표현하고 가르칠 수 있어야 한다. 그래야 단기 기억을 장기 기억으로 만들 수 있고 끼와 재능을 능력으로 만들어서 발휘할 수 있다. 독서가 인풋이면 글쓰기와 발표는 아웃풋이다. 지금까지 인풋의 중요성만 알고 배웠지 아웃풋에 대해서는 등한시했다. 그렇다 보니 남 앞에 서는 것조차 두렵고 무대에 서서 스포트라이트 받는 게 싫다. 하루빨리 배움의 끝은 무대 앞에 서서 자신의 능력을 발휘하는 것이라는 깨달아야 한다.

실천한다. 가장 어려운 마지막 단계이다. '흔히 학창시절 배운 미분과 적분 화학 기호를 어디에 써먹을까?' 생각해 본 적이 있을 것이다. 물론 많이 알고 있으면 모르는 것보다는 낫겠지만 이 세상 모든 지식을 다 배울 수는 없다. 이제 알고 있는 것으로 끝나지 않고 배운 지식은 삶에 녹아들어야 한다. 한마디로 24시간 중 일과에 묻어나야 한다는 뜻이다. 그렇게 되기 위해서는 실천 계획표를 작성해야 한다. 물론 실천 사항에 따라서 매일 꾸준히 해야 할 사안이 있고 가끔씩 해야 할 경우도 있다. 지금부터라도 시대적 변화에 앞서가는 숨은 인재로 성장하기 위해서는 실천력을 발휘하여 그 능력을 보여 줄 수 있는 사람이 되자.

■ 진짜 공부와 가짜 공부

누가 시키지 않아도 스스로 하는 공부는 진짜 공부다. 시험 기간이 아니더라도 밤을 새워서 하는 공부, 방향성과 목적성이 뚜렷한 공부가 진짜 공부다. 단지 졸업이나 자격증 따기에 급급하기보다는 자기 성장을 위해서 꾸준히 노력하는 게 무엇보다 중요하다. 의무감에서 하는 공부보다 자아실현을 위한 공부를 하자. 쾌락주의나 재미 위주의 공부가 아니라 이 사회의 성장과 발전을 위한 공부가 진짜 공부다.

수동적으로 강의만 듣고 외운 지식은 가짜 공부에 불과하다. 능동적으로 배운 내용을 정리해서 토론하고 대중 앞에 발표할 수 있어야 진짜 공부다. 말과 글로 표현할 수 없는 지식은 가짜 공부에 속한다. 단지 알고 있다고 착각하고 있는 지식이다. 이제 메타 인지 능력으로 배운 지식을 정확하게 알고 있는지 점검해야 한다.

학습 태도에는 두 종류가 있다. **의무감에서 하는 가짜 공부와 무엇인가를 깨우치기 위해 배우는 진짜 공부이다.** 의무감에서 하는 공부는 학생들이 시험 기간에 하는 공부에 속한다. 배움은 싫지만, 대학교 학위를 취득하면 초봉이 높으니까 하는 공부이다. 자격증이 있으면 취업이 잘되기 때문에 하는 공부다. 이런 의무감에서 하는 공부는 진짜 공부가 아니다. 보여 주기식 공부이고 누군가에게 생색내기 위한 공부이다.

진짜 공부와 가짜 공부의 차이

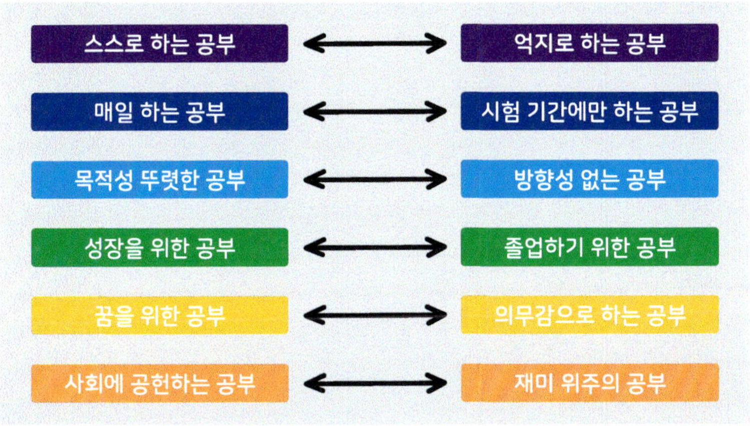

진짜 공부는 누가 시키지 않아도 스스로 한다. 자기 성장을 위해서 하는 자기 계발이다. 지식을 쌓는 목적이 출세, 권력, 돈, 인기가 될 수는 없다. 진짜 지식을 쌓는 목적은 지혜, 자아실현, 나눔과 봉사, 성장과 발전, 행복한 삶을 추구하기 위해 해야 한다.

■ 독서와 성공 인물

현대 그룹 정주영 회장이나 일본 마스시타 고노스케 회장은 초등학교 밖에 나오지 못한 학벌에도 불구하고 성공할 수 있었던 비결이 무엇일까? 그 이유는 다름 아닌 독서 습관을 통해서 학교 정규 과정에서 배울 수 없는 자신만의 관심 분야의 정보와 지식을 학습할 수 있었기 때문이다.

책은 '지식의 보물 창고'라고 생각한다. 성공하는 진정한 기업의 최고경영자가 되기를 원한다면 한 달에 1권 이상의 책은 읽자. 그만큼 독서량과 성공 확률은 비례하기 때문이다. 전문직에 종사하는 사람일수록 책을 목적성 있게 읽어야 한다. 대학교수, 의사, 변호사, 검사, 약사, 피아니스트, 변리사, 전문 강사, 컨설팅, 선생님 등 이루 말할 수 없이 많은 전문 직종이 있지만, 책을 목적성 있게 읽지 않으면서 절대로 전문가로 활동할 수 없다.

왜 책을 읽으면 성공 확률이 높을까? 그 이유는 새롭게 배운 지식이 있어야 다음번에는 다른 방법으로 도전할 수 있기 때문이다. 매일 반복된 일상 속에서는 새로운 방법으로 도전하긴 힘들다. 책 한 권만 잘 선택해도 한 사람의 인생을 송두리째 바꿔 놓을 수 있다. 그만큼 목적성 있는 독서는 심금을 울리고 평온한 가슴을 뛰게 만든다. 350페이지 분량의 책을 2시간이면 다 읽는 사람도 있다. 속독을 배운 사람은 30분 만에 읽을 수도 있다. 책을 2시간 만에 읽든 30분 만에 읽든 그 책을 집필한 사람은 일생을 걸려 쓴 책이기에 독자는 시간 투자 대비 가장 효율성이 높다.

오프라 윈프리는 '미국 사람들이 다시 책을 읽게 만들겠다.'라는 슬로건을 내걸고 "독서가 내 인생을 바꿨다."라는 말로 수백만 명을 책 속으로 뛰어들게 했다. 그 결과 그녀는 출판업계의 마이다스로 불리고 있다. 오프라의 북클럽에 소개된 책은 순식간에 베스트셀러가 된다. 이처럼 책을 통해서 성공의 지름길을 찾아야 한다. '책 속에 답이 있다.'라는 말처럼 책을 통해서 투자한 시간은 그만큼 소중하고 가치성이 있다.

이제 독서의 중요성을 깨달았다면 책을 통해 얻을 수 있는 혜택은 무엇인지 생각해 보자.

동기부여 수단이다. 아침에 일어나자마자 이왕이면 휴대폰은 내려놓고 성공학 관련 자기 계발 서적 읽기를 시도해 보자. 신체적인 조건에 따라서 몸 상태는 다르겠지만 어떤 책을 읽고 맞이하느냐에 따라서 그날의 아침 기분을 남다르게 맞이할 수 있다. 책은 절대 거짓말을 하지 않는다. 좋은 내용의 책을 읽으면 그냥 기분이 좋다. 어떤 때는 가라앉은 마음을 가슴 설레게 만들기도 한다. 인생은 도전 속에 답이 있다는 것을 알게 해준다. 이래도 책 읽기를 주저할 텐가.

가격 대비 가치가 무한대다. 책이 비싸면 얼마나 비싸겠는가? 유명한 작가가 아닌 일반인이 쓴 책 중에서 백만 원 이백만 원 하는 것은 없다. 인생을 앞서 사신 분들의 가르침과 깨달음을 돈으로 환산할 수도 없다. 이미 그 분야에 성공한 인물들이 지름길을 안내한다. 이것을 모르고 무작정 도전한다면 어리석은 사람이다. 결국, 성공에 눈이 멀어서 조급한 마음에 배우지 않고 막무가내로 도전장을 내민다면 실패의 쓴맛은 기본이요. 더 많은 시간과 돈이 낭비된다는 것을 알아야 한다.

스승 노릇을 한다. 물론 학창 시절에 운 좋게 스승을 만났다면 다행이지만 최고의 스승은 사람이 아니라 책이다. 책을 통해서 다양한 지식과 지혜를 얻을 수 있으니 최고의 스승이 될 수밖에 없다. 주변에 좋은 스승이 있어도 서로 시간이 맞아야 배움을 청할 수 있지만, 책은 때와 장소를 가리지 않고 가르침을 선물한다.

정보와 지식의 전달 수단이다. 요즈음 유튜브, 블로그, 인스타, 페이스북 등 다양한 SNS 활동을 통해 다양한 내용의 정보를 공유하고 있다. 하지만 각종 SNS를 통해 요약된 정보와 지식보다 오롯이 저자의 생각이 모두 담긴 한 권의 책과는 비교할 바가 못 된다. 독자에게 쉽게 다가갈 수 있고 저자의 생각을 녹여낼 수 있는 가장 효과적인 방법은 아직 찾지 못했다.

큰 그릇으로 만든다. 마음의 그릇이 커야 감사할 줄도 알고 배려심도 생긴다. 책을 통해서 터득한 지식은 마음의 넓이를 크게 키우는 역할을 한다. 친구에게 아니면 가족에게 화를 많이 내는 사람이라면 심리 분야의 책 읽기를 강력추천한다. 부부가 서로 이해하기 위해서는 남녀의 차이를 알아야 한다. 남녀의 심리를 이해하는 책 중에서 존 그레이가 쓴 《화성에서 온 남자, 금성에 온 여자》라는 책을 읽으면 도움이 된다.

긍정적인 마인드 확립이다. 성공학 관련 서적을 읽다가 보면 문득 이런 생각이 들 때가 있다. '이런 악조건에서도 해냈다면 왜 나라고 해서 못 해!' 열등의식에 빠져 있거나, 자존감이 낮아서 힘들어질 때 자기 계발 서적을 읽기만 해도 긍정적인 마인드로 전환 된다. 심리는 인풋 대비 아웃풋이다. 부정을 넣으면 부정이 나오고 긍정을 넣어 주면 긍정이 나온다. 결국, 이 말로 귀결된다. Garbage in, garbage out!

천직을 찾게 한다. '책 속에 답이 있다.' 이 말처럼 천직과 진로가 궁금한가? 가장 관심 있고 의미 있는 분야의 책을 찾아서 읽어 보자. 읽고 싶은 책 중에서 관심이 간다는 것은 그 방면에 재능과 능력을 소유하고 있다는 말과도 같다. 하기 싫은 일을 하는 것보다 하고 싶은 일을 할 때 업무 생산성이 월등히 높아진다. 내가 좋아하는 분야의 책을 밤새도록 읽으면 시간 가는 줄 모르고 읽게 된다. 이 책은 누가 집필했지? 이 책을 쓴 저자는 지금 무슨 일을 하면서 살아가고 있는지? 알아보면 쉽게 천직과 적성에 맞는 직업도 찾게 된다.

전문가를 만들어 준다. 전문가의 집을 방문해 보았는가? 책이 많이 눈에 띌 것이다. 전문가는 한 분야를 집중해서 파고드는 사람이다. 이런 사람들이 책을 읽지 않는다면 누가 책을 읽겠는가. 어차피 앞으로는 전문가가 되지 않으면 살아남기 힘들다. 지금 열심히 집중해서 책을 읽고 있다면 당신은 이미 예비 전문가인 셈이다. 전문가는 아무 책이나 읽지 않고 목적성 있는 책 읽기를 한다는 것을 절대 잊지 말자.

문제 해결 능력자가 된다. 어떤 어려운 문제에 봉착해 있다면 주저 말고 그 문제와 관련된 책부터 읽어 보자. 풀리지 않는 그 어려운 문제가 갑자기 풀리기 시작할 것이다. 아인슈타인이 말하기를 '우리가 해결해야 할 문제가 있다면 그 문제와 관련된 더 많은 지식을 요구할 뿐이다.'라고 말했다. 문제를 겁내지 말자. 어차피 인생은 문제의 연속이다. 그 문제를 해결할 수 있는 해결자 역할만 잘 수행한다면 문제 될 게 없다.

역사에 남는다. 개인적인 생각일지는 몰라도 이 세상에 태어나서 자신의 흔적을 남기고 싶다면 책을 반드시 집필해 보기 바란다. '글쓰기는 당신의 흔적이고, 당신의 영혼을 담은 그릇이라고 본다.' 당신은 죽어서 한 줌의 재로 남을지언정 집필해 놓은 책은 후세에 길이길이 남아서 역사적인 인물로 남을지 누가 알겠는가. 이처럼 좋은 책을 쓰려면 먼저 좋은 책을 많이 읽어야 한다.

성공의 지렛대 효과다. 책을 읽는 이유가 무엇일까? 이처럼은 책이든 강의든 시간 투자 대비 더 많은 가치를 배울 수 있으며 성공의 지렛대로 활용하면 된다. 독자가 300페이지 분량의 책을 집중해서 읽으면 2~4시간 정도 소요된다. 하지만 저자가 책을 쓴 시간은 빠르면 3개월에서 6개월이 걸린다. 어떤 책을 1년 또는 10년이 넘게 걸린 책도 많다. 이렇게 긴 시간 동안 에너지를 써서 집필한 책은 성공의 지렛대 역할을 톡톡히 한다.

STEP 03

끈기

실천과 도전

'끈기는 하기 싫은 일을 억지로 할 때 길러진다.'

–김상언

어떻게 하면 끈기를 키울 수 있을까? 끈기는 절대 편안함에서 길러질 수 없다. 하기 싫지만 억지로 해야 한다. 남들이 하기 싫어서 패대기치는 일을 찾아서 포기하지 않고 끝까지 할 때 성공의 기회를 잡을 수 있다. 끈기를 기르는 방법은 매일 조금씩 귀찮고 하기 싫은 일을 해내는 길밖에 없다. 예를 들면, 일찍 일어나기, 마라톤 도전, 꾸준한 독서, 술과 담배 끊기, 자기 주도 학습, 남을 가르쳐 보기 등이다.

■ 포기하지 마라!

영국의 뛰어난 정치가이자 웅변가인 윈스턴 처칠은 2차 세계대전 중에 위대한 국가 지도자로 활약했다. 그뿐만 아니라 훌륭한 책을 발표하여 노벨 문학상까지도 수상했다. 그는 여러 곳에 강연을 다녔다. 그러던 중 영국의 명문대학 옥스퍼드에서 그에게 졸업식 축사를 부탁했다. 그는 평소처럼 위엄 있는 차림으로 담배를 입에 물고 졸업식에 나타났다. 처칠은 언제나 사람들에게 많은 인기를 받았기에 그날도 열광적인 환영을 받으며 천천히 들어왔다. 피우던 담배와 쓰고 온 모자를 연단 위에 내려놓고는 그의 축사는 시작되었다. 그는 한참 동안을 아무 말 없이 청중을 바라보았다.

모든 사람이 그의 입에서 나올 근사한 축사를 기대하며 숨을 죽이고 있었다. 한참을 그러고 난 후에 드디어 처칠이 입을 열었다. 그의 힘 있는 첫 목소리가 온 식장에 울려 퍼졌다.

"포기하지 마라!"

그러고는 다시 한번 청중들을 천천히 둘러보았다. 청중은 그의 다음 말에 무슨 감명 깊은 말이 떨어질까 기다렸다. 그때였다.

"절대, 포기하지 마라!"

처칠은 다시 한번 큰 소리로 온 힘을 다해 아주 큰 소리로 이렇게 외쳤다.

"절대, 절대 포기하지 마라!"

근엄하고 신중한 표정으로 이 마지막 말을 했다. 그리고는 모자를 챙겨 들고 연단을 걸어 내려왔다. 영국의 가장 뛰어난 두뇌들이 모여 있는 곳에서 그가 가장 해 주고 싶었던 말이었다.

포기하는 않는 마음은 끈기라고 본다. 그렇다면 끈기는 타고나는 것일까? 아니면 노력으로 키울 수 있을까? 끈기는 유년 시절 하나의 습관에 지나지 않는다. 어떤 일에 도전해서 1년 이상 길게 다녀본 기억이 별로 없다. 헬스를 다녀도 3개월을 채운 적이 없다. 학원도 1년을 채우지 못했다면 끈기와는 거리가 멀다. 끈기를 키우기 위해서는 변덕쟁이가 되면 안 된다. 하기 싫더라도 참고 실천해야 한다. 남자가 군에 입대하는 것도 마찬가지다. 가고 싶지는 않겠지만 나라의 부름을 받고 군 생활하는 것을 좋은 기회라고 생각해야 한다.

하고 싶은 것부터 하지 말고, 반드시 '해야 하는 것'과 '가치 있는 것'부터 먼저 하는 습관을 들여야 한다. 쉬운 것부터 하고 중요한 일을 나중으로 미룬다면 정작 자신에게 중요하고 가치성 있는 일은 못 하게 될지도 모른다.

초심으로 돌아가 보자. 하던 일을 그만두고 싶을 때 초심으로 돌아가면 의외로 쉽게 이겨낼 수 있다. 초반에는 설레지만 무슨 일이든 반복적으로 하다가 보면, 아무리 좋아서 시작한 일이라도 슬럼프는 오기 마련이다. 익숙해지면 지겨워지는 게 사람 마음이다. 이런 슬럼프를 잘 이겨내야 더 크게 성장한다. 운동선수도 매번 경기 때마다 좋은 기록을 낼 수 없다. 포기하지 않고 도전하는 선수만이 기록을 깰 수 있다.

끈기 있는 사람들의 모임에 나가 보자. 사람은 사회적 동물이다. 누구를 만나든지 서로 닮아가게 되어 있다. 성장 지향적인 모임을 통해 될 때까지 도전하는 지인들을 많이 사귀자.

목적성 있는 책 읽기에 도전해 보자. 책 읽는 습관으로도 한 사람의 끈기를 평가할 수 있다. 책을 재미로 읽는 사람은 재미가 없으면 금방 포기한다. 하지만 어떤 목적성을 두고 책을 읽게 되면 끝까지 읽게 된다. 책을 읽고 그 깨달은 점을 가르치려는 목적이 분명하다면 당연히 끈기는 생길 수밖에 없다.

목표를 초과해 보자. 팔굽혀 펴기를 하더라도 20개를 목표로 했다면 21개를 하고 마치는 습관, 줄넘기 300개가 목표라면 301개를 마무리하는 습관, 턱걸이 10개가 목표라면 11개로 마무리하면서 끈기를 키워 보자.

참을성을 길러 보자. 사우나실 더위와 뜨거운 온탕에 들어가서 참아보자. 하기 싫은 과목부터 공부해 보자. 사고 싶은 것과 먹고 싶은 것도 참아보자. 자꾸 참으면 참아진다. 마라톤도 도움이 된다. 장거리를 뛰면서 힘든 레이스 속에서 끈기를 키우는데 탁월한 효과가 있다.

환경 설정을 잘하자. 밤늦게까지 공부하고 싶어도 가족들이 일찍 잔다면 따라서 자게 된다. 이런 가정환경이라면 독서실이나 도서관에서 공부하면 된다. 나쁜 환경 속에서 의지력을 발휘하는 사람은 드물다. 매번 자신의 의지력이 약함을 탓하기보다는 환경 설정을 잘하면 오히려 쉽게 끈기를 키울 수 있다.

성공했을 때의 모습을 상상해 보자. 가족들이 진심으로 축하해 주는 장면을 떠올려 보자. 주변 사람들에게 인정받는 모습을 상상해 보자. 책을 출간해서 전국 서점 베스트 셀러 코너에서 팔릴 것을 예상하면서 글을 써야지만 포기하지 않고 끝까지 쓰게 된다.

성공한 인물의 조언을 구해 보자. 이미 성공한 사람들의 조언을 듣다가 보면 포기하고 싶은 마음도 차츰 줄어들게 된다. 쉽게 이룬 성공한 인물은 없다. 다들 끈기의 달인 출신이다. 이미 성공한 인물들의 조언은 쓴소리지만 보약이다. 포기하고 싶을 때마다 새겨야 한다.

명품과 짝퉁은 만드는 시간에서 차이가 난다. 세계에서 가장 유명한 바이올린 제작자 안토니오 스트라디바리는 18세 때부터 바이올린을 만드는 것에 흥미를 느껴서 바이올린 제작자였던 니콜로 아마티의 견습공이 된 후에 94세까지 바이올린을 만들었다. 그가 평생 만든 바이올린은 100여 개밖에 되지 않는다. 거래되는 가격만도 20억 원을 호가한다고 한다. 이런 명품을 만들기까지는 끊임없는 노력과 포기하지 않는 승부 근성 즉 자신의 영혼을 바친 장인들만이 맛볼 수 있다.

뛰어난 세일즈맨이 된 해리 콜린스에게 누군가가 물었다고 한다.

"당신도 고객한테서 거절당할 때가 있죠?"

"당연히 있죠. 아주 많습니다."

"그렇다면 전화했을 때 상대방이 거절하면 몇 번 만에 그만두나요?"

콜린스는 이렇게 대답을 했다.

"우리 두 사람 가운데 한 사람이 먼저 죽기 전까지는 그만두는 법이 없습니다."

이 말처럼 끈기를 가지고 자신이 하는 일에 포기하지 않는 사람만이 결국 성공의 월계관을 쓰게 된다.

■ 실패의 교훈

좋은 아이디어를 내기 위해서는 반드시 장애물과 실패를 경험하게 된다. 실패학의 창시자인 하타무라 요타로는 새로운 일이나 미지의 분야에 도전할 때 99.7%는 실패하고 성공하는 확률은 0.3%에 불과하다고 주장했다. 창의적인 시도를 통해 고객에게 새로운 가치를 제공하는 것은 성공하는 것보다는 실패의 확률이 훨씬 높다.

3M은 신제품개발의 실패가 성공의 씨앗이 된 사례들을 직원들에게 가르치고 있으며, 실패를 무릅쓴 과감한 도전과 성공을 향한 열정과 끈기를 고취 시키고자 열을 올리고 있다. 3M의 대표적인 사례인 포스트잇의 제품 개발에 대해 알아보자. 1970년 강력한 접착제를 개발하려

던 신제품개발 프로젝트가 실패로 끝났다. 접착력이 너무 약해 어디에도 쓸 수가 없었다. 하지만 3M은 이 제품이 다른 부문에서 사용될 가능성이 크다고 판단하고 사업부 연구소들과 관련 기술을 공유했다. 그 결과는 4년 후 사무용 테이프 사업부의 화학 엔지니어인 아더 프라이에 의해 '포스트잇'이라는 획기적인 신제품개발로 이어졌다. 교회의 성가대원으로 활동했던 아더 프라이는 주일마다 그날 부르기로 예정된 찬송가 페이지에 미리 종이쪽지를 끼워두곤 했다. 그러나 이 쪽지가 찬송가에서 잘 빠져나가 별 도움이 되지는 못했다. 1974년 어느 일요일, 프라이는 이 종이에 아주 약간의 접착력만 있다면 종이쪽지가 빠져나갈 일도 없고 붙였다 떼었다 할 수 있기에 찬송 책도 훼손되지 않을 것이라는 아이디어를 얻게 된다. 그는 이 아이디어에 4년 전 실패한 접착제 기술을 멋지게 접목하였는데 그것이 바로 출시 30년이 지난 현재까지도 전 세계인으로부터 사랑을 받는 '포스트잇'이다.

또한 예로 이란의 테헤란 왕궁에는 세상에서 가장 아름다운 모자이크 작품을 볼 수 있다. 천장과 벽에 다면체로 반사하는 다이아몬드가 번쩍인다. 원래 이 궁전은 건축설계 당시에 벽마다 거울을 부착시키려고 했다. 그런데 배로 이동하던 중에 거울이 박살 나고 말았다. 그러나 실망을 하거나 좌절하지 않고 한 건축가의 아이디어로 부서진 거울 조각들을 모아서 지금의 테헤란 왕궁의 모습으로 완공되었다. 이런 사례만 보아도 실패를 통해서 또 다른 창조를 맛볼 수 있다. 그러니 실패했다고 너무 좌절하거나 포기하는 일은 없어야 한다.

'실패를 감추기 위해 힘을 낭비하지 말라.'

실패로부터 배우고 다음 단계를 향해 나아가면 된다. 실패하는 건 괜찮다. 오히려 실패하지 않으려고 한다면 성장하지도 못한다.

경영학의 아버지로 불리는 피터 드럭커가 말하기를 "더 훌륭한 사람일수록 더 많은 실수를 범할 것이다. 왜냐하면 그는 새로운 일을 더 많이 시도할 것이기 때문이다. 나는 실수하지 않은 사람을 제일 높은 자리로 승진시키지 않을 것이다. 왜냐하면 그는 평범한 사람임이 틀림없기 때문이다."라고 말했다. 이 얼마나 현명한 판단인가. 실패를 겁내고 실수하지 않으려고 애써다가 보면 도전하지 않고 제자리에 머물러 있는 자신을 발견하게 된다.

"너무 늦은 때란 결코 없다!(It is never too late)"

실패에 대한 긍정적인 생각

첫째	시간이 좀 더 걸린다고 생각한다.
둘째	다른 방법으로 도전하면 된다고 생각한다.
셋째	새로운 기회가 왔다고 생각한다.
넷째	꿈이 크기 때문에 고생한다고 생각한다.
다섯째	실패 없이 성공한 사람은 없다고 생각한다.
여섯째	경험을 통해 성장하고 있다고 생각한다.
일곱째	더 큰 인물로 성장할 수 있다고 생각한다.

OUTPUT 단계

PART

3

영향력 마인드셋

당신의 영향력을 높여라!

"리더십의 영향력은 권한과 직위가 높은 사람이 아랫사람들에게만 발휘하는 것이 아니라, 세 살 먹은 어린아이도 발휘한다."

– 김상언

STEP
01

자신감의 힘

'자신감은 두려움과 공포를 없앤 사람이 아니라, 다스린 사람이다.'

– 김상언

자신감을 키우기 위해서는 자신을 **'사랑하는 마음'**이 있는지부터 점검해야 한다. 의외로 사람들은 자신의 존재적 가치에 대해서 소중하게 생각하지 않는다. 특히 자아 상실감에 빠진 사람일수록 자기 존재에 대해서 비관적인 태도를 보인다. '돈을 잃는 것은 가벼운 손실, 명예를 잃는 것은 중대한 손실, 용기를 잃는 것은 회복하기 어려운 손실이다.'라는 말이 있다. 이처럼 인생에서 자신감과 용기가 무엇보다 중요하다. 하지만 어떻게 해야 자신감을 키울 수 있는지에 관해서는 그 누구도 명확하게 해결책을 제시하지 못하고 있다. 어떤 어려운 문제가 발생하면 그것을 해결할 수 있는 해결책은 분명히 존재한다. 자신감도 마찬가지다.

■ 자신감이 부족한 원인

먼저 자신감을 키우는 비결에 관해 논하기에 앞서 그 원인이 무엇인지부터 알아보자. 그 원인을 제대로 알면 해결책 또한 쉽게 찾을 수 있다.

타고난 성격이다. 성격은 선천적으로 타고나는 경우가 많다. 그래서 부모의 성격과 닮아 있다. 부모가 남들 앞에 나서기를 주저한다면 자녀 또한 그런 성격을 닮을 수밖에 없다. 이런 경우에 부모가 먼저 자신감 있는 모습을 보여 주면 좋을 텐데, 자녀의 역할 모델이 되는 것이 그리 쉬운 일은 아니다. 그리고 소심한 성격 탓에 친구 모임에 참석해서 조용히 앉아만 있거나, 회의 장소에서도 말 한마디 못하고 온다면 짜증과 분노가 치밀어 오르고 다시는 참석하고 싶지 않은 모임이 되기도 한다. 성격이 형성되는 과정은 아주 복잡하다. 선천적으로 타고나는 것도 있지만 후천적으로 배움, 인맥, 환경 등 다양한 요인으로 인해서 성격이 형성되기 때문이다. 정신분석학자인 '칼 융'의 이론에 따르면 내성적인 성격은 외향적인 성격과 다른 성격으로 일부 타고난다고 주장한다. 그래서인지는 몰라도 많은 사람이 소심한 성격 탓에 "나는 말을 잘 못해!"라고 단정지어버리고 교정할 생각을 하지 않는다. 물론 성격은 일부 타고난 기질도 있겠지만 후천적으로 어떤 환경에서 성장했는지, 누구랑 친하게 지냈는지, 어떤 내용의 책을 읽었는지, 어떤 경험을 많이 했는지에 따라서 성격은 바뀔 수 있다.

남을 의식하는 습관이다. 어릴 때부터 남을 의식하게끔 환경이 조성되는 경우가 종종 있다. 옷을 하나 입어도 다른 사람들이 흉볼까 봐 마음대로 입지 못했다. 모처럼 친척들이 집에 놀러와서 같이 뛰다가 이웃집에 피해를 준다고 야단맞은 기억밖에 없다. 물론 공동체 생활 속에서 타인을 배려하는 행동은 중요하다. 하지만 부모로부터 상세한 이유도 설명받지 못한 채 야단만 맞은 기억만 있다면 남들 눈치만 보는 소심한 성격 유형이 될 확률이 높다. 이런 가부장적인 가정환경 속에 야단만 맞고 성장한 아이는 남들 눈치를 많이 보게 된다. 이런 눈치도 어느 정도껏 보면 겸손한 사람이 되지만 지나치면 타인을 의식하게 만들어 소심한 성격의 소유자가 되고 만다. 지나친 의식은 남들은 그렇게 생각하지 않는데, 스스로 지레짐작과 파국적인 예상까지 하게 된다. 결국, 스스로 자기 행동에 제약을 가해 내성적인 성격의 소유자가 되고 만다.

실전 경험의 부족이다. 대부분 발표 잘하는 사람들을 보면 많이 부러워한다. "난 언제쯤 저렇게 남들 앞에서 유창하게 말을 잘할 수 있을까?" "혹시 저 사람은 타고난 스피치 달인이 아닐까?"라는 생각까지 든다. 하지만 그 사람이 청중 앞에서 얼마나 떨림을 경험했는지 모르고 하는 소리다. 음악가도 무대에서 공포증을 극복하지 않고서는 실력을 발휘하지 못한다. 청중 앞에 한두 번 서본 사람과 매일 직업처럼 선 사람이 어떻게 같은 실력을 발휘할 수 있겠는가. 청중 앞에 떨리는 가장 큰 이유가 '경험 부족'이라는 것을 명심하자.

전문 지식의 부족이다. '아는 게 없으면 하고 싶은 것도 없다.' 다시 말해서 아는 것이 없으면 자신감도 생기지 않는다. 전문 지식이 없으면 성격도 소극적으로 변한다. 연사가 청중보다 아는 게 부족하다면 어떻게 말을 잘할 수 있겠는가? 더 나아가서 남들보다 아는 게 많아야 소신 있게 자기 인생을 살아갈 수 있다. 직장생활도 마찬가지다. 이제 학벌보다 더 중요한 것이 개인 브랜드를 갖춘 전문가로 거듭나야 한다. 학창 시절 철이 안 들어 공부를 등한시했다면 다시 배움을 이어가야 한다. 전문 지식이 풍부한 사람은 독서, 메모, 학습, 사색하길 좋아한다. '아는 것이 힘이다.'라는 말이 있다. 아는 게 없으면 의사결정을 내릴 때도 갈팡질팡,

우왕좌왕하고 결단력이 부족하여 남들 의견에 무조건 따르는 소극적인 성격이 된다.

실패의 두려움이다. 사람들은 실패하지 않고 성공하길 바란다. 실패와 좌절 없이 큰 꿈을 이루고 싶어 한다. 한마디로 욕심이 많다. 대중 앞에 발표할 때도 완벽하게 잘하고 싶은 나머지 실수를 인정할 마음의 여유가 없다. 오히려 이런 지나친 욕심 때문에 더 큰 실패를 맛보는 경우도 생긴다. **'남들보다 더 빠른 성공을 꿈꾼다면 실패를 두 배로 늘리면 된다.'**라는 말이 있다. 이처럼 실패를 또 다른 관점에서 바라볼 줄 알아야 한다. 실패를 많이 한다는 것은 그만큼 남들보다 도전을 많이 한다는 뜻이고, 그 도전 속에서 성공의 꽃이 피어난다는 것은 자명한 진리다. 그러니 실패 없는 성공을 바란다면 오히려 소심한 성격의 근원이 된다.

교육의 문제이다. 자신감이 가장 많이 필요로 할 때가 청중 앞에서 공연하거나 연설할 때라고 한다. 어떤 심리연구가는 자살에 대한 공포감하고 맞먹는 게 대중 앞에서 떨리는 공포증이라고 하니, 이 얼마나 회피하고 싶은 감정인지 공감이 간다. 그런데 아직도 학교에서 발표와 토론식 수업을 진행하지 못하고 있는 게 현실이다. 학교에서 발표 수업을 진행하고 싶어도 중간·기말 시험 준비로 진도 맞추기 바빠서 참여 수업을 진행할 시간이 턱없이 부족한 게 현실이다. 아직도 학급당 학생 의견을 반영하여 참여 수업을 진행하기에는 인원수가 너무 많다. 수강 인원이 25명 이상 되는 학급에서 참여 수업을 진행하게 되면 발표 순서를 기다리다가 지쳐버린다. 최소 7명~10명 이내가 되어야 시작할 엄두가 난다. 아직 이런 교육 여건을 갖추기엔 교실과 선생님의 숫자가 턱없이 부족하다.

트라우마의 경험이다. 대중 앞에서 발표 준비도 하지 않고 "도전하면 잘할 수 있겠지."라는 막연한 기대감에 도전했다가 심한 공포를 경험한 사람들이 의외로 많다. 이런 불안을 경험하면 남들 앞에서 창피를 당했다고 생각하여 발표는 더 꺼리게 된다. '자라 보고 놀란 가슴 솥뚜껑 보고 놀란다.'라는 속담도 있듯이 과거의 충격적인 경험 탓에 심한 고통까지 호소한다. 이처럼 사람의 본성은 과거 부담되고 신경 쓰이는 장소로부터 피하고 싶은 건 당연하다. 하지만 과거에 좋지 않은 경험들로 인하여 도전하기를 멈춘다면 절대로 소심한 성격에서 벗어날 수 없다.

지금까지 자신감이 부족한 원인에 대해서 몇 가지 간추려 보았다. 아직 열거하지 못한 원인이 더 많다. 하지만 앞서 소개한 원인만이라도 제대로 분석하여 스스로 변화를 보인다면 자신감 넘치는 성격으로 바뀔 수 있다. '궁'하면 '통'한다는 말이 있는 것처럼 문제의 원인에 대해 알고 나면 그에 따른 해결책도 쉽게 찾을 수 있다.

■ 자신감을 키우는 비결

앞서 자신감이 없는 원인에 대해서 알아보았다. 이제는 어떻게 하면 자신감을 키울 수 있는지 그 방법에 대해서 구체적으로 배워서 실천해 보자.

유일무이한 존재이다. 보석이 다른 것보다 더 비싼 이유는 무엇일까? 물론 아름다운 색깔을 띠고 있기도 하지만 비싼 가장 큰 이유는 '귀(貴)'하기 때문이다. 어떤 보석이든 아무리 아름답고 예뻐도 귀하지 않으면 그 가치를 인정받지 못한다. 하지만 보석보다 더 귀한 존재가 사람이다. 보석은 돈으로 환산이라도 할 수 있지만, 사람은 돈으로 환산할 수 없을 정도로 소중하고 귀중한 존재다. 이처럼 이 세상에 하나뿐인 자신을 아끼고 사랑해야 한다. 현시대를 살아가면서 과연 자신을 보석처럼 귀하게 생각하고 아끼는 사람이 과연 몇 명이나 될까? 절대 많지 않다. 가령 깡패가 병을 깨고 나서 남을 위협하는 행동하기에 앞서 자기 몸에 상처를 먼저 내곤 한다. 이런 행위를 심리적으로 분석해 보면 **'나는 별 볼 일 없는 사람이야! 당신도 별 볼 일 없는 사람이야.'**라는 심리가 내포된 행위라고 한다. 다시 말해서 이런 깡패는 자신에 대한 소중한 가치를 모르기 때문에 남들에게 더 큰 위협과 피해를 줄 수 있다는 뜻이다. 자신을 소중히 여기고 귀하게 여기는 사람이 어떻게 남에게 위협을 가하고 상처를 줄 수 있겠는가. 자신의 소중함을 깨닫고 주변 사람들에게 아낌없는 사랑을 줄 때 자신감도 생긴다.

경쟁에서 태어난 존재이다. 생리적 현상을 설명하지 않아도 너무나 잘 알고 있다. 우리는 수만 개의 정자가 서로 경쟁해서 그중 1~2개의 정자가 난자를 만나서 태어난 존재이다. 당신의 존재가 얼마나 많은 경쟁자를 뚫고 태어난 존재인지 인정해야 한다. 선의의 경쟁은 한 사람의 존재적 가치를 평가하는 요소가 되기도 하고 성장할 수 있는 계기가 된다. 만약 경쟁할 대상이 없다면 성장하려고 노력도 하지 않을 것이다. 진짜 경쟁 상대는 주변 사람이 아니라 어제의 나 자신이다. 하지만 태생부터 우리는 수많은 경쟁 속에서 살아남은 만큼 자신의 존재적 가치를 바로 알고 아끼고 사랑하는 마음을 가져야 한다.

가족과 친구가 있다. 사람은 서로 가깝게 지내다 보면 그 소중함을 모르고 살아갈 때가 많다. 특히 가족이나 친한 친구들이 여기에 속한다. 너무 가까운 나머지 가족의 사랑이나 친구들의 사랑을 받고 있다는 사실을 까마득하게 잊고 살아간다. 어떤 사람은 사랑을 한 몸에 받고도 그 소중함을 평생 깨닫지 못하고 생을 마감한다. 나이 들어 부모가 우리 곁을 떠나야 그 소중함을 깨닫는 사람도 있다. 지금부터라도 가족의 사랑과 관심 속에서 성장했다는 것을 바로 알고 되돌려 줄 수 있는 사람이 되자. 만해 하나 어린 시절 가족으로부터 사랑받지 못했다고 해서 속상해하거나 억울해하진 말자. 그때 받지 못한 사랑을 구걸하거나 원망하지도 말자. 지금이라도 넓은 마음의 그릇으로 이해하고 사랑을 베풀 기회가 주어졌다는 것에 감사하자. 또한, 당신은 사랑해 주고 응원해 주는 친구들이 있다. 당신을 걱정해서 앞날이 축복으로 채워지기를 기도하는 친구들이 있다. 자주 만나 서로 얼굴은 못 보더라도 보고 싶어 하는 친구들이 있다. 예전에 '친구가 잘되면 배가 아프다.'라는 말도 유행했지만 요즈음 시대에는 걸맞지 않다. 오히려 친구가 잘되면 서로 도움을 받을 일이 많다. 이제 친구가 먼저 연락해 오기를 기다리는 소극적인 태도를 보이기보다는 적극적인 태도로 먼저 안부를 물어봐 줄 수 있는 사람이 되자. 허물없이 속마음을 터놓을 수 있는 친한 친구 한두 명이 있다면 당신은 축복받은 사람이라는 것을 절대 잊지 말자.

큰 꿈이 있다. '나의 가치는 꿈의 가치다!'라는 말이 있다. 이 말처럼 꿈이 커야 당신의 존재적 가치 또한 크다. '나에겐 꿈이 있습니다!'라는 말은 마틴 루터 킹 목사가 살아생전에 흑인 인권 운동을 하면서 인생의 사명으로 삼았던 큰 비전이다. 당신은 다른 사람들을 동요하게 만드는 큰 꿈을 가슴에 품고 있는가? 만약 스스로 동기부여 시켜줄 만한 꿈을 갖고 있다면 자신감은 생길 수밖에 없다.

꿈이 있는 사람은 '열정'에서부터 차이를 보인다. 꿈이 있는 사람은 아침을 맞이할 때 즐거운 마음으로 맞이하고, 그 꿈을 향해 도전하고 싶은 의욕도 생긴다. 나 역시 아직 대중에게 많이 알려지지는 않았지만 큰 꿈을 가슴에 품고 살아가고 있다. 그리고 그 꿈은 반드시 실현될 것이라고 확신하고 있다. 스피노자는 '내일 지구의 종말이 올지라도 한 그루의 사과나무를 심겠다.'라는 말을 남겼다. 이 말처럼 어떤 어려운 상황 속에서도 꿈과 희망을 가슴에 품고 도전하는 사람이 되자. 그러면 그 꿈들이

버팀목이 되어서 자신감을 키워 줄 것이다.

인지 치료이다. 자신감을 키우는데 가장 좋은 방법은 인지 치료(cognitive therapy) 이다. 인지란 사람이나 사물을 보고 판단하여 알게 되는 관점을 말한다. '이 사람은 좋은 사람이고, 저 사람은 나쁜 사람이다.'라고 스스로 판단하는 것을 의미한다. '이 사람은 사기꾼처럼 믿음이 가지 않는다. 또 저 사람은 없는 거 있는 거 다 주고 싶다.' 사람을 만났을 때 첫인상이 인상 깊게 남는다. 첫인상이 좋았던 사람이 시간이 지나면서 예상과는 다른 사람들도 있고, 첫인상은 나빴지만, 시간이 지날수록 잘 맞는 사람들도 있다. 대체로 사람의 첫인상은 1~3초 이내에 결정된다. 이런 첫인상을 보고 정확하게 판단할 수도 있는 사람이 과연 몇 명이나 될까? 대부분은 섣부른 판단으로 잘못 평가할 때가 많다. 이렇게 우리는 타인뿐만 아니라 자신을 왜곡해서 볼 때가 많다.

어떤 사건이나 상황을 어떻게 해석하느냐에 따라서 하루의 기분은 좋을 수도 있고 나쁠 수도 있다. 평소 자기 자신을 어떻게 생각하고 있는지? 이런 관점은 상당히 중요하다. 자신을 왜곡된 관점으로 보고 있는 건 아닌지? 남들은 전혀 그렇게 생각하지 않는데, 혼자 자괴감에 빠져서 왜곡되게 보고 있는 건 아닌지? 이렇게 무의식 상태에서 부정적인 사고가 떠오르는 것을 '자동적인 사고' 또는 '비합리적인 사고'라고 말한다. 이런 비합리적인 사고들을 끄집어내어 합리적인 사고로 전환 시키는 것이 인지 치료의 가장 큰 핵심이다. 한마디로 말해서 부정적인 사고를 긍정적인 사고방식으로 전환하는 훈련이다.

몇 년 전에 건설업체를 운영하는 '박'사장이라는 사람이 개인 상담을 요청한 일이 있었다. '박'사장은 사업이 스스로 마음먹은 대로 되지 않아서 많이 힘들어하고 있었다. 상담을 진행하면서 자주 반복하는 언어 습관 중에 "저는 참 못난 사람입니다."라는 말을 자주 언급하곤 했다.

왜 그런 말을 하는지 자초지종을 물어보니, 현재 하고 있는 사업이 정말 마음먹은 대로 되지 않기 때문이라고 했다. "지금 하는 사업이 잘되지 않는다고 해서 자기 자신을 못난 사람이라고 말하는 것은 너무 자신을 과소평가하는 것 아닙니까?"라고 질문했더니, '박'사장은 자신은 사업 체질이 아닌 것 같다며 사업을 그만두고 싶어 했다. 사업을 해 본 사람이라면 누구나 이런 시련과 역경은 수없이 경험하게 된다. 사업이라는 것이 항상 잘 될 수는 없다. 사업은 말 그대로 성수기와 비수기가 있고, 성숙기와 쇠퇴기가 있다. 뜻과 같이 되는 때가 있고, 모든 일이 마음 먹은 대로 되지 않을 때가 있다. 이처럼 사업은 CEO의 생각과는 전혀 무관하게 다른 방향으로 흘러갈 때가 부지기수다. 사업이 마음먹은 대로 잘 경영되지 않는다고 '박'사장처럼 모든 '상황'을 부정하고 무능함을 탓하고만 있다면 결코 지금 안고 있는 문제는 해결할 수 없다. 말이 씨가 되어 더 경영 악화만 불러일으킬 뿐이다. 이런 소극적인 태도는 자기 자신에 대한 무지(無知)가 가장 큰 원인이다. 자신이 얼마나 소중하고, 귀중한 존재인지 정확하게 깨닫지 못하고 살아가는 사람들이 이런 성격에 빠지기 쉽다.

다음에 소개하는 한 일화를 통해서 자신의 소중한 가치를 깨달았으면 좋겠다. 여러 차례 사업 실패로 열등감에 사로잡혀 겨우 하루하루 버티며 살아가던 한 사업가가 있었다. 어느 날 이 사업가는 대로변 긴 횡단보도를 건너가다가 문득 자신이 신고 있던 낡은 구두가 마음에 들지 않아서 신세 한탄에 빠져 있다가 신호를 무시하고 과속으로 달려오던 자동차에 사고를 당했다. 이 사업가는 며칠 동안 의식불명 상태에 있다가 겨우 의식을 차리게 되었다. 의식을 차리고 보니 어느 병원 중환자실에 자신이 누워 있다는 것을 알게 되었다. 기억을 더듬어 생각해 보니, 횡단보도에서 낡은 신발을 본 것밖에는 기억이 나지 않았다. 그리고 잠시 후 머리를 들어 아픈 다리 쪽으로 눈을 돌렸는데, 이게 웬일인가. 어제까지만 해도 멀쩡했던 두 다리가 절단되고 온데간데없었다. 이 사실을 알게 된 사업가는 큰 충격을 받고 또다시 의식을 잃고 말았다.

앞서 소개한 이야기의 주인공이 내가 아니라는 게 다행으로 여겨지지 않는가? 평소 건강한 신체에 고마움을 느끼며 살아가야겠다는 생각이 들지 않는가? 하지만 우리는 편안함에 익숙해진다. 평소 불편함 없이 지내다 보면 그 고마움을 모른다. 아직도 자기 자신에 대해 못마땅한 부분이 있다면 가까운 병원 중환자실에 방문해 보자. 평소 모르고 지나쳤던 신체의 소중함을 뼈저리게 느끼고 올 수 있다. 병원에 들어서는 순간부터 수많은 환자를 보게 될 것이다. 천식이 있어 산소 호흡기에 의존하는 사람도 보게 될 것이고, 목뼈를 다쳐서 깁스를 한 사람도 볼 수 있다. 기계 벨트에 한 손이 절단된 사람도 보게 될 것이다. 가끔 병원 중환자실을 방문해 보면 어디 아프지 않고 건강한 자신의 모습에 감사함을 느낀다. 평소 생각하고 있던 부정적인 관점을 바꾸는 계기가 된다. 비록 수중에 돈은 많지 않아도 인생에서 돈이 전부가 아니라는 것을 깨닫게 된다. 결국, 이런 병원 방문 경험은 자신감을 키울 수 있게 만들고 하는 일에 의욕이 생기게 한다. 돈과 명예보다 건강한 신체에서 그 소중한 가치를 깨닫게 되는 순간부터 감사하는 마음으로 살아가게 된다.

만일 장미꽃을 보고 아름다운 장미 덩굴에 왜 하필 가시가 달렸냐고 불평할 수도 있고, 가시덩굴 속에 아름다운 장미꽃이 피어 있다고 감탄할 수도 있다. 아름다움과 추함은 이처럼 한 공간에 존재한다. 행복과 불행은 한 장소에 살고 있다. 세상 모든 사물과 현상은 고정된 모습이 아니다. 각자 바라보는 관점에 따라 변한다. 아름다운 마음으로 세상을 바라보면 꽃동네로 보이고, 불만스러운 마음으로 세상을 바라보면 안개 자욱한 오염된 도시로 보인다. 세상은 전적으로 당신이 어떤 마음의 눈으로 보느냐에 달려있다.

만약 당신이 부정적인 생각에서 고통받고 있다면 이제 인지 치료를 통해서 긍정적인 사고로 전환해 자신감을 키워 보자. 하버드 대학교 심리학자 윌리엄 제임스 교수에 따르면 **"생각이 바뀌면 마음이 바뀌고, 마음이 바뀌면 행동이 바뀌고, 행동이 바뀌면 습관이 바뀌고, 습관이 바뀌면 성격이 바뀌고, 성격이 바뀌면 인격이 바뀌고, 인격이 바뀌면 인생이 바뀌고, 인생이 바뀌면 운명이 바뀐다."** 이런 명언에서도 알 수 있듯이 성격을 바꾸려면 습관까지 바꿔야 한다. 또 습관을 바꾸려면 행동을 바꿔야 한다. 다시 말해 이런 행동을 바꾸려면 생각과 마음을 바꿔야 한다. 행동하기 전에 마음먹기 마련이고, 마음을 먹기 전에 머릿속에 끊임없이 생각하기 마련이다. 결국, 성격을 바꾸려면 반드시 '생각'부터 바꿔야 한다. 만약 당신이 누군가에게 "성격이 많이 바뀐 것 같다."라는 말을 들었다면 그것은 성격이 바뀐 것도 맞겠지만 사실 정확한 표현은 '생각이 바뀐 것이다.'

생각은 크게 두 가지로 나뉜다. 바로 부정적인 생각과 긍정적인 생각이다. 우리는 어떤 외부 상황에서도 '마음의 상태'에 따라서 다르게 반응할 때가 있다. 다시 말해 우리의 생각과 마음의 상태에 따라서 성격이 남다르게 형성될 수 있다는 말이다. 사람의 성격을 외향적이냐, 내성적이냐를 구분하는 것과 같이 사람의 생각이 긍정적이냐, 부정적이냐를 알 수도 있다. 긍정적인 사람일수록 자신의 실수나 실패에 대해서 빨리 훌훌 털어버리고 일어선다. 이에 반해 부정적인 사람은 오랫동안 두고두고 되새김질하고 자신의 부족한 점을 단점으로 바라본다.

몇몇 사람들은 자신의 운명은 이미 정해져 있다고 생각한다. 말 그대로 자신의 사주팔자가 이미 정해져 있다고 믿고 살고 있다. 그러나 이런 부류의 사람들에게 직접 경험한 사례를 통해 그 생각이 틀렸다는 것을 깨닫게 하고 싶다.

사업을 하는 A씨 부부는 연초마다 점술가를 자주 찾았다. 점집을 다녀오고 나서는 점술가가 가르쳐 주는 대로 사업을 경영했다. 몇 해는 아무 문제 없이 순조롭게 사업이 잘 진행되었다. 그런데 어느 날 갑자기 남편이 암으로 입원하게 되면서부터 더는 사업을 경영할 수 없게 되었다. 만약 점술가가 미래를 내다보는 예지력이 있었다면 사업에 관한 예언만 할 게 아니라, 건강을 먼저 챙기도록 당부해야 하지 않았을까?

또 다른 예로 몇 년 전 호기심 천국이라는 TV 프로그램 중에서 전국 유명한 점술가를 불러 방영하였다. 이날 방송 내용 중에서 전국의 유명한 점술가들을 불러 모아 놓고, 전혀 모르는 몇 사람들의 직업을 맞춰보는 실험을 했다. 이날 참석한 다섯 명의 점술가 중에서 1명을 제외한 4명 모두가 출연한 직업군을 근접하게 맞췄다. 그러자 진행자와 방청객 모두가 놀랄 수밖에 없었다. 하지만 방송이 진행될수록 이 모든 기대는 어긋나고 말았다. 두 번째 질문에서 방송 사회자가 점술가들에게 참여한 사람들의 미래직업을 예언해 보라고 했더니, 5명 점술가 모두 서로 다른 미래를 예견하는 게 아닌가. 이날 방송을 통해서 무엇을 깨달을 수 있었겠는가? 분명 하나같이 일치되어야 할 미래가 서로 다르다는 것은 전국에 아무리 용한 점술가라도 과거와 현재는 맞춰도, 미래는 전혀 맞출 수 없다는 말이 된다.

어쩌면 점술가를 찾는 것보다 평소에 '무슨 생각을 가장 많이 하고 있는지?' '어떤 생각을 할 때 시간 가는 줄을 모르고 집중이 잘되는지?'를 알아보는 게 더 중요하지 않을까? 그 이유는 오히려 이런 질문들이 우리의 미래를 예견하는 데 더 정확하기 때문이다. '지금의 내 모습은 과거의 내 생각이고, 미래의 내 모습은 현재의 내 생각이기 때문이다.' 이처럼 생각은 곧 미래를 결정짓는 연결고리 역할을 한다. 만약 당신이 아무 생각 없이 인생을 살아간다면 별볼 일 없는 사람이 될 것이다. 그렇지 않고 남과 다른 생각과 행동을 한다면 남다른 꿈을 성취할 수 있을 것이다. 앤드류 카네기의 개인 도서실에는 다음과 같은 글이 적혀 있었다고 한다.

'사고의 능력이 없는 자는 바보이고, 더이상 사고하지 않으려는 자는 고집불통이며, 과감히 사고하지 않는 자는 노예이다.' 하루빨리 누구한테 의지할 생각하지 말고, 부정적인 사고에서 벗어나 긍정적인 사고로 스스로 노력해서 자신의 사주팔자를 바꾸자.

직면 훈련이다. "대중 앞에서 말을 잘할 수 있으면 좋겠어요." "소심한 성격이 외향적인 성격으로 바뀌었으면 좋겠어요."라는 말을 자주 듣는다. 대중 공포와 소심한 성격 때문에 고민하는 사람들이 흔히 하는 말이다. 막상 이런 성격을 바꿔 보려고 애를 써보지만 쉽게 고쳐지지 않는다. 결국, '타고난 성격은 고칠 수 없다!'라는 결론을 내리고 그냥 포기하고 만다. 모두의 소원처럼 성격이 하루아침에 바뀌면 좋겠지만 그렇게는 되지 않는다. 어쩌면 단시일 내에 성격이 바뀔 수 있다는 결심 자체가 과욕일지 모른다. 꾸준한 노력과 새로운 환경 변화가 일어나지 않으면 사실상 힘들다. 낯선 청중, 낯선 모임, 낯선 환경에서 발표하기란 전문 강사도 그리 쉬운 일은 아니다. 낯선 청중 앞에서 논리 정연하게 말을 잘하기 위해서는 충분한 연습과 경험이 무엇보다 중요하다. 그렇지 않고서는 무대 공포를 극복하기 힘들다. 이처럼 직면 훈련(face-to-face training)은 공포스러운 상황에 피하지 않고 도전해 보는 치료 기법이다. 두려움의 특성상 경험 부족으로 발생하는 경우가 많다. 그래서 실제 두려운 상황에 직접 부딪혀 경험해 보는 것이다. 막상 도전하면서 깨닫게 된다. "내가 생각한 만큼 불안하지 않구나." "내가 두려워하는 일은 일어나지 않구나."라는 것을 경험하게 된다.

인지 치료

머릿속에 있는 부정적인 생각들을 끄집어내어 그것을 합리적인 관점으로 전환해 보자. 그러면 부정적인 사고가 긍정적인 사고로 전환되어 행복한 기분을 느낄 수 있다.

비합리적인 사고 (부정적인 사고, 파괴적인 사고)	합리적인 사고 (긍정적인 사고, 자기방어적 사고)
1. 난 왜 이 모양일까?	내가 어때서! 난 훌륭해! 아직 남들이 나의 남다른 재능을 보지 못해서 그렇지! 지금처럼 열심히 준비하다가 보면, 반드시 유명한 강사의 대열에 낄 수 있을 거야!
2. 난 왜 서울대를 나오지 못했을까?	이제 대학이 중요한 시대는 지나갔어. 명문대학을 못 들어갔다고 후회할 시간에 자기 계발에 더 많은 시간을 투자하자. 그리고 더 큰 목표를 세워서 도전해 보자. 반드시 해낼 수 있을 거야!
3.	
4.	
5.	

오늘의 명언:

"실패는 다리 밑에 흐르는 물과 같다." - 김상언

뜻풀이:

머릿속에 과거의 실패한 기억만을 계속 떠올린다면 현재에 집중할 수 없고, 현재의 일에 최선을 다할 수 없다. 과거의 실패는 다리 밑에 흐르는 물과 같이 흘러가고 없다는 것을 깨닫고, 현재 주어진 일에 집중과 몰입하여 좋은 성과를 내자.

이런 점에서 직면 훈련은 소심한 성격과 무대 공포를 극복할 수 있는 좋은 수단이다. 사람은 누구나 두렵고 공포감이 감도는 환경은 피하고 싶어 한다. 하지만 공포를 극복하기 위해서는 더 부담되는 장소를 찾아가서 경험해야 한다.

평소 노래를 잘하는 사람이 무대에 서기만 하면 잘 못 부른다면 무엇이 문제라고 보는가? 그것은 실력의 문제라기보다는 무대 경험이 부족한 탓이다.

대중 앞에서 말은 잘못하지만 1:1 개인 간에 대화는 자신 있다고 말하는 사람들이 많다. 개인 간에 대화는 많이 경험해 봐서 잘하지만, 대중 앞에서 말해 본 경험은 턱없이 부족하기 때문이다. 이럴 때 직면 훈련으로 두려운 장소를 경험하면 자연스럽게 적응하는 힘이 생긴다. 무대 공포증은 남들을 의식해서 생기는 불안 요소다. 무대 경험을 통해 '남들은 나한테 별로 관심이 없다.'라는 걸 깨달아야 한다. 그러면 대중 공포에서 완전히 벗어날 수 있다.

새로운 일에 도전할 때 생기는 두려움도 마찬가지다. 그것을 떨쳐 버리기 위해서는 반드시 '실전' 경험이 필요하다. 실전 경험이 부족하면 누구나 두려움이 앞설 수밖에 없다. 하지만 준비 과정도 없이 무조건 공포스러운 상황에 직면한다고 해서 자신감이 생기는 건 아니다. 철저하게 준비하고, 실전에 돌입해야지 두려움이 자신감으로 바뀐다.

소심한 생각에 사로잡혀 "왜 나만 이런 두려운 공포와 싸워야 하는 걸까?"라고 자책한다면 자신감은 형성되기 힘들다. "다른 사람들도 이런 공포를 이겨내고 성장했을 거야! 다른 사람들이 해냈다면 나 역시 할 수 있어!"라는 마음가짐으로 임한다면 두려움이 곧 자신감으로 바뀐다. 두렵다고 피하지 말고 낯선 장소와 낯선 환경을 경험해 보자.

토익 900점을 받아도 외국인과 대화하기를 꺼리는 사람이 바로 우리나라 영어교육 현실이다. 이론 지식은 풍부해도 회화 실력과 실전 경험이 부족하기에 배운 실력을 발휘하지 못하고 있다. 오히려 점수에 초점을 맞추기보다 많은 외국인과 대화하는 실전 경험을 쌓는다면 영어에 더 흥미와 재미를 느낄 수 있다. 이제 두려움과 공포를 직면 훈련을 통해서 열등감에서 벗어나 자신감을 쌓는 계기를 마련하자. 막상 두렵고 힘들게 느껴지던 일들도 도전해 보면 별거 아니라는 생각이 들 때가 찾아온다. 두려움과 공포는 없어지지 않으니 항상 맞서 싸워야 마음의 안정을 찾게 된다. 도망치지 말자. 비겁하게 해 보지도 않고 안 된다고 자포자기하면서 변명만을 늘어 놓는 어리석은 사람이 되지 말자.

"학교 교육이 먼저일까요? 아니면 사회 경험을 쌓는 게 먼저일까요?"

물론 정답은 없다. 이론 교육과 사회 경험은 모두 중요하다. 학교는 '지혜'를 먼저 얻는 곳이고, 사회는 실전 '경험'을 먼저 쌓는 곳이다. 반드시 원하는 결과물을 만들어 내기 위해서는 이 두 가지의 조건이 필요할

뿐이다. 남보다 더 빠른 성공을 위해 우수한 대학 MBA 과정을 졸업하더라도 반드시 사회에서 실전 경험은 쌓아야 한다. 도전하면 그 일을 잘해 낼 수 있는 일이 많은데 도전해 보지도 않고 포기해 버리는 어리석은 사람이 되어서는 안 된다. 성공한 인물 중에는 학력과 무관하게 꿈을 이룬 사람들이 수없이 많다. 이런 인물들은 정규 교육과정은 다 나오지 않았지만, 사회 경험을 통해서 몸소 터득한 지식과 지혜를 밑바탕으로 성공했다. 수영을 잘하기 위해서는 직접 수영장에 가서 배워야 하듯이 실전 경험을 쌓는 사회성 과정은 무엇보다 중요하다.

환경의 변화이다. 사람은 환경에 영향을 받고 또한 환경에 영향을 준다. 담배 끊기를 원한다면 흡연자들과 어울리기보다는 금연자들과 어울려야 쉽게 끊을 수 있다. 사업에서 성공하길 원한다면 성공한 사업가들의 대열에 합류해서 친분을 쌓아야 도움을 받는다. 이처럼 자신감도 환경 조성에 따른 빠른 변화를 기대할 수 있다. 모임을 나가더라도 활발한 외향적인 사람들의 모임 장소를 선택하여 서로 어울린다면 훨씬 더 빠른 자신감을 회복할 수 있다.

자기암시 훈련이다. 자기암시 구호를 잘 보이는 곳에 붙이면 자연스럽게 읽게 되고 긍정의 힘이 생긴다. 먼저 서재 주변을 자기암시 내용으로 채워 보자. 암시는 스스로 외치는 강한 칭찬의 메시지이기에 긍정적인 문장이면 어떤 내용이든 상관이 없다. 무의식에 긍정을 각인시키는 역할을 하기에 아침에 눈을 떴을 때 행복한 아침을 맞이할 수 있다. 더 나아가서 암시 문구를 영상이나 녹음해서 알람 시계로 활용하면 더욱 더 긍정의 아침을 맞이할 수 있다. 자기암시문을 곳곳에 붙이면 긍정의 에너지를 만들어 낼 수 있다.

정리정돈하는 습관이다. 주변 환경이 정돈돼 있지 않으면 심리적 안정을 찾는데, 어려움을 겪게 된다. 주변 지인이 불쑥 당신 집과 사무실을 방문하더라도 떳떳하게 보여 줄 수 있는 환경이 조성되어야 한다. 평소 주기적으로 깔끔하게 정돈해 보자. 아주 사소한 것 같지만 이런 습관들이 모여서 감정을 지배한다. 주변 환경은 사람의 마음 상태를 간접적으로 보여 주는 공간이기에 정돈되어 있을 때 심리적 안정과 자신감을 높일 수 있다.

버킷 리스트를 작성해 보자. 인생의 긴 마라톤에서 성공하길 원한다면 나만의 버킷 리스트를 만들어 보자. 이것을 만들기만 해도 뚜렷한 '방향성과 목적성'이 생겨나기에 성격 변화에 기폭제가 된다. 명확한 목표 설정이야말로 게으름에서 벗어나 도전적인 사람으로 변화되는 계기가 된다. 그렇다면 버킷 리스트에 포함 시켜야 할 요소들은 무엇이 있을까? 이루고 싶고, 갖고 싶고, 나누고 싶은 것 제약 없이 작성하면 된다. 행복, 성공, 자유, 건강을 생각하면서 무한한 상상의 나래를 펼치면 된다. 세부적인 작성 내용으로 직업, 사업 아이템, 여행, 취미, 봉사, 기부, 경제적 자유, 투자 계획, 자기 계발 등이 있다.

상장과 상패 진열이다. 지금까지 살아오면서 받았던 상장이나 상패가 있으면 진열해 보자. 서랍이나 앨범 속에 넣어 두지 말고 잘 보이는 곳에 액자로 만들어 걸어 보자. 가끔 힘들고 모든 것이 귀찮아질 때 상장과 상패를 보면서 자신감을 불어넣을 수 있고 부족한 기(氣)를 보강하는 도구로 활용될 수 있다. 사람의 심리가 상을 받으면 받을수록 더 많이 받고 싶어진다. 지금까지 받은 상장과 상패가 더 크게 성장하는 동기부여 수단이 될 수 있도록 환경의 변화를 시도해 보자.

적극적인 경청이다. 사람은 자기 관심사에 대해 말하기를 좋아한다. 누군가가 그 관심사에 대해 귀 기울이면 좋아하지 않을 사람은 없다. 이런 점에서 경청은 낯선 사람들과 마음의 문을 여는 열쇠인 셈이다. 사교성이 좋은 사람은 경청을 잘한다. **'남에게 대접받고 싶으면 내가 먼저 남**

을 대접해야 한다.'라는 말이 있듯이 상대방의 관심사에 귀 기울이고 적극적인 경청부터 실천해 보자. 그러면 상대방도 내 말에 귀 기울이고 경청을 잘해준다. 소통에서 상대방이 내 말을 잘 듣고 있다는 기분이 들 때, 자신감은 저절로 생긴다. 누구를 만나더라도 먼저 다가가서 질문하고 경청하는 자세를 보이자. 왜 귀를 두 개로 만들어 놓았겠는가? 남의 말을 두 배로 듣고, 한 번만 말하라는 의미가 아니셨는가. 경청의 자세에서 상대방과 신뢰가 쌓이면 서로 공감대까지 형성하게 되어 더욱더 친한 사이가 된다. 결국, 적극적인 경청이 인맥의 깊이와 넓이를 결정하여 자신감을 키우는 역할까지 한다.

※ 당신의 듣기 능력은 과연 몇 점일까?
('예'가 5개 이상이면 나온다면 경청에 문제가 있다.)

1. 지레짐작으로 상대의 이야기를 잘못 들은 경험이 있다.( )
2. 남의 이야기를 들으면 잠이 오거나 머리가 멍해진다.( )
3. 말하는 상대가 싫은 사람일 경우 마음의 문을 닫아 버린다.( )
4. 상대의 대화 방법이 서툴면 들으려고 하지 않은 적이 있다.( )
5. 하고 싶은 말을 생각하느라, 듣지 못할 때가 많다.( )
6. 먼저 얘기하고 싶어서 상대방 이야기를 가로막은 일이 많다.( )
7. 관심 밖의 이야기여서 들을 마음이 생기지 않았던 일이 많다.( )
8. 내 생각과 다르다고 판단되면 전혀 듣지 않는다.( )
9. 남의 이야기를 들을 때 팔짱을 끼거나 무표정하다.( )
10. 말의 내용을 못 알아들어도 질문이나 확인하지 않는다.( )

참고 자료: 《듣는 기술, 말하는 기술》

성공학 독서이다. 자신감을 키워 주는 책은 무수히 많을 수 있지만, 성공학 분야의 자기 계발서 만큼 좋은 것도 없다. 이런 부류의 책은 '포기'라는 말이 통용되지 않는다. 우스갯소리로 포기는 김장할 때 배추포기 셀 때만 사용하라는 말이 있듯이, 성공한 인물은 포기를 모른다. 성공한 인물이 포기를 선택했다면 자기 계발서는 출간되지 못했을 것이다. 이런 책들은 긍정의 힘이 생긴다. 당신이 부정적인 성격 탓에 도전하는 것이 겁날 때 주저하지 말고 성공 관련 책을 읽어 보자. 그러면 언제 그랬냐는 듯이 기분이 좋아지고 다시 도전할 의지가 생길 것이다. 그렇다면 왜 이런 자기 계발서를 읽으면 자신감이 생기는 것일까? 그 이유는 실패를 간접 경험하고 교훈을 얻을 수 있기 때문이다. 실패의 한 사례로 아브라함 링컨에 관해 연구한 자료에 따르면, 대통령이 되기까지 27번이나 실패했다고 전해지고 있다.

'위인들도 역경을 딛고 자수성가했구나. 그렇다면 왜 나라고 못 하겠어! 해 보자.' 이런 마음가짐과 태도로 바꿔 놓을 수 있는 게 자기 계발서의 장점이다. 위인들의 실패담을 간접 체험하는 것만으로도 분명 용기가 생긴다. '책 속에 길이 있다.'라는 말처럼 많은 위인이 써 놓은 책 통해 지혜를 얻고 현실의 어려움을 극복해 보자.

앞자리에 앉자. 자신감이 부족한 사람은 자신의 존재를 감추고 싶어 한다. 그래서 강연장이나 교실에서 맨 뒤쪽에 앉는다. 회의 장소나 강연장에 앉는 위치는 자신감 상태를 간접적으로 표현한다. 주로 앞쪽에 앉는 사람이 리더십을 발휘할 가능성이 크고, 부자로 살아갈 확률이 높다. 대학교에서 성적을 채점해 보아도 비슷한 결과를 보인다. 앞자리에 앉은 학생이 대체로 성적이 우수하고 졸업과 동시에 취업이 잘된다. 인생의 무대에서 주인공처럼 살아갈 확률도 높다. 탈무드에 나오는 승자와 패자의 격언 중에서도 '승자는 무대 위로 올라가지만, 패자는 무대 밑으로 내려간다.'라는 말이 있듯이, 승자가 되기 위해서는 청중이 모여 있는 무대 위로 올라가 자신의 존재를 알려야 한다.

결국, 사람의 성격은 환경의 영향을 받는다. 그렇기에 두려움과 맞서 싸울 수 있는 환경 조성이 무엇보다 필수 요소다. 두렵다고 겁먹지 말고 부담스러운 환경에 더 노출 빈도를 높이자. 강연장과 회의 참석 시 남들의 시선에 주목받을 수 있는 제일 앞자리부터 채워서 앉아 보자.

시선 공포 극복이다. 소심한 사람은 시선 처리에 어려움을 겪고 눈을 어디에 둘지 몰라 애를 먹는다. 대중 앞에 서본 경험이 부족할수록 사람들의 눈을 보는데, 어려움을 겪는다. 매번 강의를 진행하는 강사, 교사, 교수도 학생의 눈을 정면으로 응시하지 못해 힘들어하는 경우도 많다. 이처럼 시선 처리도 절대 얕잡아봐서는 큰 오산이다.

만약 낯선 사람을 볼 때, 시선을 마주하는 시간은 대략 몇 초 정도가 적당할까? 3초 이내가 가장 적당하다. 그 이상 눈을 마주 보게 되면 상대에게 부담을 줄 수도 있기 때문이다. 3초간 눈을 응시하다가 살짝 코나 입 또는 이마 부위를 보고 재응시하면 된다. 하지만 평소 잘 알고 지내는 친한 사이라면 5초 이상 머물러도 아무 상관이 없다. 시선은 말을 할 때 가장 중요한 설득의 수단이며, 제2의 언어라고 불린다.

"눈으로 말해요."라는 말이 있듯이, 청중에게 진심 어린 표현을 하려면 정면으로 눈을 응시해서 말을 해야 한다. 눈을 정면으로 응시하지 못하면 남을 속이는 듯한 이미지로 보여 불신이 생길 수 있다. 평소 길을 걸을 때도 마주 오는 사람의 눈을 피하지 말고 잘 응시해 보자. 성격이 소심하여 시선 공포가 너무 심한 경우에는 부담을 덜 느낄 수 있는 아이들의 눈부터 응시해 보자. 처음에는 힘들어도 차츰 시선을 외면하지 않고 잘 응시하는 수준까지 도달하면 자신감이 생긴다.

행동 치료이다. 사람의 심리 상태는 행동으로 알 수 있다. 자신감이 없는 사람들은 걸음걸이부터 힘이 없다. 걸음걸이가 심리 상태를 100% 반영하는 건 아니지만 거의 맞다. 특히 소심한 성격 유형의 사람들은 어깨가 앞으로 쏠려있고 보폭도 좁고 걸을 때 힘차게 걷지 않는다. 마치 패전 병사를 연상케 하듯이 허리를 구부정하게 고개를 푹 숙인 채 걸을 때가 많다. 이런 걸음걸이로는 절대 자신감 있는 성격으로 바꿀 수 없다. 활기차게 걷는 연습만으로도 자신감은 좋아질 수 있다. 기분이 좋을 때 신나는 노래를 부르지만, 신나는 노래를 불러서 기분 좋게 만들 수도 있다. 산이 좋아서 등산할 때도 있지만, 산을 올라서 기분을 좋게 만들 수도 있다. 걸음걸이도 마찬가지다. 기분이 좋아서 씩씩하게 걷는 것이 아니라, 씩씩하게 걸어서 기분을 좋게 만들어야 한다. 이제 의도적으로 좀 더 빠르게 걸어 보자. 팔을 크게 흔들면서 보폭도 크게 해서 걸어 보자. 씩씩하게 걷는 습관만으로도 소심한 성격을 180℃ 바꿀 수 있다. 생각과 마음이 하고 싶을 때 행동하는 것이 맞지만 때로는 억지로 행동해서 생각과 마음을 바꿀 수도 있다. 이것이 바로 '행동 치료(behavior therapy)'의 핵심이다.

두려움과 공포 다스리기이다. 남 앞에 발표 때만큼 용기가 필요한 경우도 드물다. 무턱대고 대중 앞에서 섰을 때는 정신이 혼미해지고, 지금 무슨 말을 하고 있는지조차도 모를 정도로 긴장된 상태를 경험하게 된다. 그러나 이런 불안한 감정을 제대로 표현하지 못하면 대중 공포로 고생하게 된다. 떨지 않고 발표를 잘해야겠다고 다짐하는 순간 공포증은 더욱더 심해진다. 어차피 발표는 '떨면서 시작하는 것이고, 떨면서 배우는 것이다.' 오히려 많은 사람 앞에서 떨지 않으려고 애쓰면 더 떨린다. 남들 앞에서 긴장하고 떨릴 때 이런 생각으로 바꿔 보자.

"넌 떨 수 있는 용기 있는 사람이야. 남 앞에서 떠는 것이 부끄러운 것이 아니라, 할 말이 있는데도 못 하는 게 더 부끄러운 것이야."

대중 앞에서 말을 잘하는 사람들의 공통점은 '두려움과 공포'를 잘 다스린 사람들이다. 전혀 불안한 감정이 없는 사람이 용기 있는 사람이라고 착각하면 안 된다. 자신감 있는 사람은 두려움과 공포를 없앤 사람들이 아니다. 누구나 발표 경험이 부족하면 불안은 다시 올라온다. 하지만 익숙해지면 불안은 다시 수면 밑으로 가라앉는다. 불안한 마음을 깨끗한 백지처럼 만들 생각부터 버리자. 이 세상에 그런 순수하고 깨끗한 사람은 단 한 사람도 존재하지 않는다.

큰소리로 웃는 훈련이다. 성격이 소심한 사람은 마음의 여유가 없다. 이렇다 보니 낯선 사람들에게 먼저 미소 짓는 경우도 드물다. "웃을 일이 있어야 웃지!"라고 말을 한다면 애들처럼 사탕 줘야 웃는 것과 별반 다를 바가 없다. 지금부터라도 거울을 보면서 웃는 연습을 해 보자.

"김치~, 시금치~, 멸치~, 꽁치~, 가물치~, 참치~, 치즈~, 우루루 까꿍~" "으~하하하하(만세 웃음), 으~하하하하(S라인 웃음), 으~하하하하(하이 파이브 웃음)" 입꼬리를 올리면서 큰 소리로 웃어 보자.

웃음 연구 결과 억지로 웃는 웃음과 진짜 웃는 웃음은 거의 비슷한 효과가 있다고 한다. 신체 특성상 웃는 시늉만 해도 몸은 반응하여 좋은 호르몬이 나온다. 그 이유를 조사한 결과 몸의 입꼬리에 해당하는 볼굴대가 올라가면 우리 뇌의 호르몬샘을 자극하여 기분이 좋은 것으로 착각하고 엔도르핀을 분비한다는 것이다. 이 엔도르핀은 몸속의 NK(nature killer) 세포를 활성화 시켜서 암세포를 죽이는 역할을 수행하게 만든다. 반대로 화를 내거나 강한 스트레스를 받는 경우에는 노르아드레날린이라는 독성 호르몬이 분비되어 만병의 근원이 되거나 노화를 촉진하는 결과를 낳는다. 웃을 일이 있어서 웃는 경우는 당연하겠지만 자신감을 높이기 위해서 웃을 일이 없어도 자주 웃어 보자. 이런 웃는 연습을 통해서 우리 몸은 면역력이 좋아지고 자신감도 생긴다.

신나는 노래 부르기이다. 기분이 좋을 때는 즐거운 노래를 선곡하여 부르고, 우울한 날에는 슬픈 노래를 선곡하여 즐겨 부르게 된다. 의외로 내성적인 사람들은 슬픈 음악, 슬픈 영화 장르를 더 좋아한다. 이제 열정이 넘치는 외향적인 성격으로 바꾸기 위해서는 감정에 따라서 노래를 고르지 말고 신나는 곡으로 바꿔서 불러 보자. 친구들과 노래방에 갔을 때 다들 신나는 댄스곡을 부르고 있는데, 혼자 분위기 파악 못하고 슬픈 장르 노래를 계속 부른다면 어떻게 될까? 갑자기 분위기가 삭막해지고 슬픔에 잠긴다. 혹시 좋아하는 애창곡이라고 해서 슬픈 노래만 골라서 부르고 있지는 않은가? 소심한 사람들은 댄스곡이나 빠른 발라드 노래보다는 슬픈 장르를 더 좋아한다는 것을 절대 잊지 말자. 이처럼 노래방에 노래 선곡하는 것만 봐도 어느 정도 그 사람의 성격을 파악할 수 있다.

'절대 슬픈 노래를 부르며 열정이 넘치는 삶을 살거나 의미와 보람을 느끼는 사람은 별로 없다.' 이제 긍정의 의미를 담고 있는 노래를 선곡하고 매일 따라 불러 보자. 평소 즐겨 부르는 노래에 따라서 우리의 운명이 달라진다면 당신은 어떤 노래를 부르고 싶은가? 이미 고인이 된 장덕이라는 가수의 앨범을 들어 보면 앨범 전체가 긍정의 느낌은 전혀 찾아볼 수 없다. 어쩌면 그녀의 미래를 스스로 예언이라도 한 듯이 슬픈 노래들로만 앨범이 구성되어 있다. 그리고 발라드 가수 김현식의 앨범도 마찬가지다. 그 가수의 앨범 중에서 '내 사랑 내 곁에'라는 곡은 이루지 못한 애틋한 이별 노래에 속한다. 또한, 가수 김수희씨 노래 중에 '애모'라는 노래를 듣거나 부르게 되면 누구라도 슬픈 감정과 고통의 순간을 떠올리게 된다. 그러나 반대로 강산애의 노래 '넌 할 수 있어', 박정식의

'멋진 인생'이라는 노래를 부르면 없던 자신감도 생기게 한다. 이처럼 자주 부르는 노래만 바꿔서 불러도 자신감을 키울 수 있다.

최소한 애창곡만큼은 신나는 노래로 선곡해서 부르자. 슬픈 노래를 선곡하여 운명을 송두리째 바꾸고 싶지 않다면 말이다. 운명은 우리가 자주 부르는 노래 가사처럼 살게 될지도 모른다. 그러니 절대 슬픈 노래를 불러서 행복한 인생을 슬픔에 빠지게 하지 말자.

작은 실행이다. 자신감 넘치는 성격으로 바꾸기 위해서는 처음부터 어려운 목표를 세우지 말고, 쉬운 목표를 세워서 이뤄야 한다. 이런 작은 실천력이 모여서 자신감을 키워 주기 때문이다.

예를 들어, 책을 한 달에 한 권도 읽지 않던 사람이 2~3권씩 책을 읽겠다고 목표를 세운다면 성취감도 맛보지 못하고 흐지부지되고 만다. 이런 목표는 기존에 해왔던 생활 습관과 큰 차이를 보이기 때문에 실천하기 어렵다. 차라리 쉬운 목표로 '매달 서점에 한 번씩 가기' 또는 '책을 매일 1쪽씩 읽기'가 훨씬 더 실천하기 쉽다.

가장 보편적인 목표로 "일찍 일어나 매일 영어 공부를 1시간씩 하겠다."라는 목표를 세워본 경험이 있을 것이다. 대부분은 이런 목표를 세워놓기만 하고 작심삼일로 끝나고 만다. 처음부터 과욕을 부리고 상황을 고려하지 않았기 때문이다. 쉬운 목표로 매일 영어단어 하나씩만 외우기로 목표를 세워 보자. 너무 쉽지 않은가? 이런 작은 목표를 세워서 도전하다가 보면 자신과의 약속 이행으로 자존감이 높아진다. 결국, 나중에 가서는 더 큰 목표를 달성하고자 하는 동기와 의욕이 생긴다. 그때 가서 더 큰 목표를 세워서 이뤄도 절대 늦지 않다.

봉사 활동이다. 누가 시켜서 하는 의무적인 봉사가 아니라, 자발적으로 남을 돕는 행동은 상당한 자신감을 얻는다. 사랑의 도시락 배달, 김치 담그기 행사, 무료 급식 봉사, 사랑의 집 짓기 행사 등 다양한 측면에서 주변 사람들에게 도움의 손길을 줄 수 있는 활동들은 굉장히 많이 있다. 남을 돕는 일도 여유가 될 때 하겠다는 사람들이 많다. 사실 이런 사람들은 평생 남을 도와주지 못하고 생을 마감한다. 봉사는 도움의 손길을 받는 사람뿐만 아니라, 도움을 주는 봉사자에게도 큰 혜택이 있다. 무엇이 있을까? 실제 심리학자들의 최근 연구에 따르면 봉사하기 전과 봉사하고 나서 봉사자들의 타액을 테스트한 결과 놀라운 사실을 발견했다. 봉사하고 난 이후 타액을 테스트했더니 면역력이 높게 측정되었다. 이처럼 봉사를 통해 남을 돕는 건 봉사자의 건강에도 도움이 된다. 어쩌면 돈 주고도 살 수 없는 값진 교훈을 얻는다. 남을 도와주는 행동은 결국 양쪽 모두에게 도움이 된다.

해외 부자들과 우리나라 부자들의 가장 큰 차이점은 기부금에서 차이가 난다. 성공한 사람은 많은데 크게 기부하는 부자가 많지 않다. 홍콩의 액션 배우인 성룡이 기자들 앞에서 이런 말을 했다.

"나는 무능한 자식에게는 나의 유산을 많이 물려줄 수 없다. 왜냐하면, 얼마 되지 않아 나의 유산을 관리하지 못해 다 잃게 되기 때문이다. 그리고 유능한 자식에게는 더더욱 나의 유산을 물려줄 필요가 없다. 왜냐하면, 자기가 알아서 잘 살아가기에 유산을 물려줄 필요가 없다."

이 얼마나 깨달음을 주는 말인가. 자식에게 재산을 물려주는 것보다 이 사회를 위해서 기부하는 것이 더 값지고 보람 있는 일이라는 걸 잘 표현한 말이다. 절대 봉사할 때는 시간 투자 대비 대가를 바라지 말고, 오직 남들 돕는 일에만 집중하자. 그러면 심신의 안정과 삶의 활력소 역할을 한다. 더 나아가 삶의 의미와 가치를 느끼며 살아갈 수 있게 하고, 내면에 열정을 샘솟게 하는 삶의 원천이 된다.

먼저 인사하기다. 각기 나라마다 문화적 차이가 존재한다. 특히 우리나라는 서로 모르는 사이는 인사를 잘 하지 않는다. 용기를 발휘하여 인사해도 이상한 사람으로 본다. 이렇다 보니 다들 안면이 있어야지만 인사를 한다. 소심한 성격은 절대로 남에게 먼저 인사하는 법이 없다. 낯선 사람에게 먼저 인사만 잘해도 성격 변화에 탁월한 효과가 있다. 길을 가는 모든 사람에게 인사를 할 수는 없겠지만, 최소한 엘리베이터나 버스 안에는 도전해 보자. 실제 나 역시 도전해 본 결과 먼저 인사하고 다가가면 안 받아주는 사람보다 받아주는 사람이 의외로 더 많았다. 이왕이면 같은 아파트 주민들에게는 먼저 인사를 건네 보자. 물론 처음엔 쉽지 않겠지만, 먼저 이웃에게 인사하는 습관부터 바꿔 보자. 이런 작은 습관이 성격 변화에 큰 영향을 준다. 인사를 할 때 주의할 점이 있다면 밝은 표정, 밝은 내용, 밝은 음색으로 해야 한다. 한 마디로 낮은 톤보다 약간 높은 톤으로 음을 길게 빼면서 말하면 긍정적인 음색의 톤이 전달되어 상대를 기분 좋게 만든다.

"안녕하십니까?~" "반갑습니다!~" "좋은 아침입니다!~"

베스트 드레스를 입자. 평소 옷 입는 스타일만 보아도 그 사람의 성격을 알 수 있다. 옷 입는 스타일 중에서 색상, 노출 정도만 봐도 알 수 있다. 누구나 한 번쯤 마음에 드는 옷을 구입하게 되면 자랑하고 싶은 마음이 생긴다. 싼 옷만 입다가 브랜드 있는 옷을 하나 장만해도 외출하고 싶은 마음이 생긴다. 이처럼 옷은 자신감을 높여 주는 역할을 한다. 이왕이면 외출할 때 의상을 통해 자신감이 생길 수 있도록 신경 써 보자. 물론 남을 전혀 의식하지 않고 편안함을 추구하는 편안한 복장의 의상을 고집하는 사람도 있다. 하지만 중·고등학교 때부터는 교복을 입고, 회사마다 기업을 상징하는 유니폼이 있다. 왜 불편하게 규정을 정해 놓았을까? 교복을 통해서 학생의 마음가짐으로 학업에 집중과 몰입하게 만드는 것이다. 회사 유니폼을 통해서 맡은 업무에 충실히 임할 수 있도록 마음가짐과 태도를 바꾸기 때문이다. 옷이 날개라는 말이 있다. 이왕이면 자신을 표현할 수 있는 개성 있는 옷차림으로 개인 브랜드를 구축해 보자.

옷차림과 관련된 실험에서 정장 차림으로 무단횡단을 했을 때와 평상복 차림으로 무단횡단을 했을 때, 그 상황을 관찰하게 한 후 사람들의 심리 상태를 조사해 보았다. 정장 차림을 하고 무단횡단을 했을 때의 사람들 반응은 "무슨 급한 일이 있겠지!"라는 심리적 반응을 보인 반면, 평상복 차림을 하고 무단횡단을 했을 때는 '비난과 함께 욕설'이 오갔다고 한다.

이런 심리 연구 결과만 보아도 일상에서 의상이 차지하는 비중은 상당히 높다는 것을 알 수 있다. 평소에 똑같은 잘못을 하고도 의상에 따라서 사람들의 반응이 달라진다면, 좋은 옷차림을 하고 다녀야 하지 않을까 생각한다. 주변 사람들에게 좋은 이미지를 심어 주고자 한다면 편안한 복장도 좋지만, 직무에 맞는 의상을 입고 꼭 출근하자. 자신감 넘치는 성격 활발한 외향적인 성격으로 보이고 싶다면 좀 더 밝은 색상의 옷을 입고 출근해 보자.

의상 관련 명언 중에 이런 말이 있다. '신은 당신의 내면을 보지만, 주변 사람들은 당신의 겉모습을 본다.' 내면을 아름답게 가꾸는 것도 중요하지만 우리 주변 사람들은 나의 겉모습을 보고 먼저 판단한다는 걸 절대 잊지 말자. 근무할 때는 작업복 차림으로 할지언정 출퇴근할 때는 당당한 나를 만들기 위해서라도 베스트 드레스를 입고 다니자. 입는 의상만으로도 우리의 심리 상태에 영향을 줄 수 있으니, 아무 옷이나 입고 다니지 말자. 절대 슬리퍼를 신고 출근하거나 정장 차림에 운동화를 신고 외출하는 일은 없기를 바란다.

손뼉치기 훈련이다. 성격이 소심한 사람들은 박수 소리를 크게 내지 못한다. 남을 지나치게 의식하는 성격 탓에 박수도 마음 놓고 못 친다. 하지만 큰 소리로 손뼉 치는 연습으로도 자신감을 키울 수 있다. 손바닥에는 345 경혈과 14개의 기맥이 있다. 손뼉을 치면 이를 자극하여 몸이 건강해진다. 스트레스, 우울증, 신경통, 심장병, 생식기 질환, 변비 통증 등 각종 질병 예방에도 좋다. 피부미용과 두뇌 활성화에 이르기까지 우수한 효과가 있음을 실험 결과로 증명되었다. 손뼉치기로 기분도 상쾌해지고, 자신감도 생기고, 마음도 긍정적인 사고로 바뀐다. 넌센스 퀴즈 문제 하나 풀고 가자. '전 세계에서 손뼉을 가장 많이 치는 나라가 혹시 어느 나라일까요?' 바로 북한이다. 못 먹고 못 살아도 생명에 지장을 초래하지 않는 이유는 어쩌면 손뼉을 많이 치기 때문이다. 《정상에서 만납시다》라는 책을 쓴 지그 지글러는 아침마다 손뼉을 치면서 자기암시문을 외쳤다. "난 참 대단해! 난 훌륭해! 난 멋져! 난 최고야! 난 끝내줘요!" 주변 여건이 된다면 가족들과 함께 손뼉을 치면서 큰 목소리로 외쳐 보자. 이런 작은 습관들이 활발한 외향적인 성격 형성에 큰 도움이 된다.

소심한 성격을 고치기 위한 지혜

- **먼저 상대방에게 관심을 보이자.**

상대가 관심 가져주기를 기다리지 말고, 먼저 관심을 보이자. 대부분 경우 누군가 먼저 다가와서 말 걸어 주기를 학수고대한다. 그럴 확률은 희박하다. 이런 소극적인 태도는 절대 소심한 성격에서 벗어날 수 없다. 먼저 미소, 인사, 대화, 칭찬할 수 있는 적극적인 사람이 되자.

- **주변 사람들의 장점을 칭찬하자.**

칭찬은 성격 변화에 큰 도움이 된다. 하지만 그런 칭찬을 듣고 싶어도 매일 해 주는 사람은 드물다. 누구를 만나더라도 장점을 찾아서 칭찬하는 습관을 들이자. 때론 그 칭찬이 부메랑이 되어 자존감을 높이는 데 큰 도움이 되기 때문이다.

● 사소한 일에 좋고 나쁨을 평가하지 말자.

성격 유형이 소심한 사람들은 아주 사소한 일에도 민감하고 예민하다. 이렇다 보니 작은 실수에도 자신을 용서하거나 너그럽게 이해하지 못한다. 사람은 누구나 실수할 수 있고, 그 실수를 통해서 더 많은 성장을 한다. 실수를 단지 실패로 보는 건 재도전해서 성공해 본 경험이 없는 사람이다. 이제부터라도 사소한 실패로 자신을 과소평가하는 어리석은 사람이 되지 말자.

● 남을 의식하지 말자.

의외로 사람들은 남들에게 별 관심이 없다. 내성적인 성격 유형들은 타인의 시선에 아주 예민하다. '나를 어떻게 생각할까?' '내가 이렇게 행동하면 비난받지 않을까?' 항상 쓸데없는 걱정이 많다. '남들이 엄청난 관심을 보이는 것으로 보여도 의외로 별 관심이 없다.' 따라서 우리는 남을 의식해서 예민하게 굴 필요가 없다. 남들은 자기 인생 사는데도 바쁘기에 타인에게 별 관심이 없다. 이점을 깨닫고 남을 의식해서 '지레짐작'하거나 '파국적인 예상'을 하는 일은 절대 하지 말자.

● 남들과 비교하지 말자.

소심한 성격 유형의 사람들은 장점보다 단점에 더 많은 관심을 보인다. 그래서 타인의 장점을 높게 보고 정작 자신의 장점은 찾지 못한다. 남들에게 뒤지지 않을까? 매사에 두려움과 걱정이 많다. '성공한 사람들은 주변 사람들보다 월등히 잘 낫기에 성공한 것이 아니다.' 타고난 끼와 재능을 좀 더 잘 발휘한 것뿐이다. 소심한 성격에서 벗어나기 위해서는 자신의 단점을 남들의 장점과 비교하여 주눅 드는 일은 절대 하지 말자.

● 장점에 초점을 맞추자.

자신의 장점을 가장 쉽게 찾는 방법은 '단점을 모두 적고 나서, 더이상 생각나지 않으면 나머지 모든 것들이 장점이다.' 물론 반감을 사는 사람도 많겠지만 이렇게라도 생각해서 자신감을 키우자. 소심한 사람들의 공통점은 자신의 장점을 잘 찾지 못한다는 것이다. 남들보다 부족한 것이 많아서 찾지 못하는 것일까? 절대 그렇지 않다. 평소 자신을 과소평가하는 게 '습관화'되어 있기 때문이다. 평소에 긍정적인 마인드를 갖추면 얼마든지 찾을 수가 있다. 무턱대고 과소평가하는 습관에서 벗어나 남다른 장점을 찾고, 소심한 성격에서 벗어나자.

● 과거에 집착하지 말자.

인생은 살아온 날들보다 앞으로 살아갈 날이 더 중요하다. '실패는 다리 밑에 흐르는 물과 같다.'라는 명언처럼 흘러간 과거에 미련을 두지 말자. 이미 지난 과거에 얽매여 인생을 구속 당하면서 살아갈 필요가 없다. 과거에 연연하기보다는 그 시간에 차라리 미래를 계획하는 게 훨씬 더 낫다. 이제부터라도 과거의 실패를 교훈 삼아 더 큰 목표를 향해 도전해 보자. 성공을 거둔 사람들은 분명히 일반인보다 훨씬 더 많은 실패를 경험하고도 원하는 목표를 달성했다. 그 이유는 이미 지난 과거에 얽매이지 않고, 다가올 미래에 더 집중하여 노력했기 때문이다.

● 완벽주의에서 벗어나자.

'이 세상에 완벽한 사람은 단 한 사람도 없다. 단지 완벽해지려고 노력하다가 생을 마감할 뿐이다.' 소심한 성격의 소유자는 완벽해지려는 성향이 너무 강하다. 자신의 장점은 작게 보고 단점은 크게 보려는 잘못된 사고방식에 익숙하다. '자신의 장점을 발휘하려고 노력하기보다는 단점을 보완하려는 데 급급하다.' 성공의 지름길은 장점은 먼저 발휘하고, 단점은 보완해 가면 된다. 어떤 일에 도전할 때도 100% 만족할 때까지 준비하면 이미 늦다. 조금은 미흡하더라도 먼저 추진하고, 차츰 보완해 가면 된다. 대부분은 완벽주의 성격 탓에 준비하다가 포기하고 만다.

● 소중한 가치를 깨닫자.

이 세상에서 가장 비싼 보석이 있다 한들 사람의 가치와 비교할 수는 없다. 과연 나는 얼마짜리 인생을 살아가고 있는 것일까? 소심한 사람들은 자신의 가치에 대해서 소중하게 생각하지 않는다. 사람의 가치를 객관적으로 평가하기는 어렵겠지만 학교에서는 점수로, 사회에서는 연봉으로 평가받는다. 하지만 과연 이런 평가 방식이 옳다고 생각하는가? 절대 그렇지 않다. 타고난 수만 가지의 재능 중에서 학교 성적과 회사 월급만으로 사람을 평가할 수 있겠는가? 당신의 가치를 제대로 평가받기 원한다면 그 분야의 전문가를 찾아가서 받아보자. 주변 친구나 지인을 찾아가서 당신의 소중한 가치를 평가받는 어리석은 행동은 절대 하지 말자.

● 적극적인 친구를 사귀자.

사람의 기본 성품을 알고자 할 때, 그 사람이 어떤 사람들과 어울리고 있는지를 알면 어느 정도 파악이 된다. 소심한 성격 유형의 사람들은 친구를 만나더라도 부담이 덜 가는 사람을 만나려고 한다. 그래야지만 마음이 편하고 덜 피곤하기 때문이다. 하지만 매일 비슷한 성격 유형의 사람들을 만나면서 적극적인 성격으로 바뀌기는 어렵다. 한번 목표를 선언하면 포기하지 않고 끈기 있게 도전하는 사람, 긍정적인 사고로 다양한 관점에서 세상을 보려고 노력하는 마음의 그릇이 넓은 사람을 사귀면 소심한 성격 유형에서 빨리 벗어날 수 있다.

STEP 02

긍정의 힘

'긍정은 실패를 다르게 해석하게 만드는 힘을 갖고 있다.'

-김상언

법정 스님은 사람들에게 긍정의 힘을 깨우쳐 주고자 이런 질문을 자주 했다.

"꽃이 왜 아름다운지 알고 있는가?"

꽃이 아름다운 이유는 예쁘고 향기가 나기 때문이기도 하지만 진짜 이유는 따로 있다. 바로 "내 마음에 꽃이 있기 때문이다." 결국, 모든 상황은 보는 이의 '마음의 상태'에 따라서 다르게 보인다.

'내 마음의 정원에 꽃을 심지 않으면 계속해서 잡초를 뽑아야 한다.' 이 명언의 진정한 의미는 마음속에 긍정을 불어넣지 않으면 계속해서 부정이 나올 수밖에 없다는 뜻이다. 인과의 법칙처럼 긍정을 불어넣으면 긍정이 나온다.

부정적인 사고로 성공한 인물은 없다. 수많은 실패를 경험한 토머스 에디슨도 **"나는 실패한 적이 없다. 다만 쓸모없는 방법을 만 가지나 찾아냈을 뿐이다."**라는 말을 했다. 성공한 인물들은 모두 실패 속에서 긍정의 힘으로 만들어 낸 걸작이다. 그 이유는 누구보다도 더 많은 실패를 경험했기 때문이다. 일반인들보다 더 많은 실패를 경험하고도 성공한 인물이 되거나 역사적인 인물이 된 이유는 바로 긍정의 힘으로 다시 도전했기 때문이다. 이런 회복 탄력성의 근원은 긍정의 힘에서 비롯된 것이다.

사람은 긍정적인 정서를 느낄 때 다른 사람들과 더 많이 교류하고 새로운 경험을 쌓기 위해 도전하고 창의적인 사고를 한다. 또한 심리적인 웰빙과 스트레스 극복에도 도움을 주어서 심리적 회복 기능을 증진 시킨다.

긍정의 힘은 긍정의 심리학에서 그 필요성을 찾을 수 있다. 심리 상담사라면 내담자에게 이런 질문을 자주 한다. "당신의 인생에서 어떤 점이 잘못되었고 무엇이 문제인지 말씀해 보세요." 반면 긍정 심리학자는 이런 질문을 한다. "당신의 인생에서 어떤 것이 잘 되고 있으며, 어떤 강점이 있는지 말해 보세요."이처럼 일반적인 심리상담은 문제가 생겼을 때 찾는 곳이지만 긍정 심리학은 예방 차원에서 미리 배워두는 학문이다.

아프면 병원을 찾는 시절이 있었다. 병을 치료하기 위해서 병원이 존재하던 시절 이야기이다. 이제는 아프지 않아도 병원을 찾는 사람이 더 많아졌다. 아프지 않아도 병원에 방문하는 이유는 건강검진을 받기 위해서다. 큰 병이 발생하기도 전에 미리 예방 차원에서 건강검진을 받기 위해 병원을 찾는다. 심리상담도 마찬가지다. 심리적으로 불안하여 공황장애, 우울증, 대인기피증, 조현병 증상으로 힘들 때만 심리 상담소를 찾으면 이미 늦다. 사전에 긍정의 심리학을 배워서 에너지를 충전하면 된다.

우리의 뇌는 외부의 자극을 받으면 자연스럽게 어떤 반응을 한다. 대부분 외부의 자극이 부정적이면 그 반응도 부정적이고 외부의 자극이 긍정적이면 그 반응도 긍정적일 경우가 대부분이다. 그러나 이런 외부의 자극에 반드시 똑같은 반응을 보이지 않을 때도 있다. 왜냐하면 외부의 자극과 반응 사이에 어떤 공간이 존재하기 때문이다. 그 공간은 사람의 기분을 나타내는 '마음의 상태'라는 공간이 있다. 사람은 자신의 의도와 상관없이 하루에도 수많은 외부의 자극을 받으면서 인생을 살아간다. 이때 좋은 외부의 자극도 있겠지만 뜻하지 않게 나쁜 자극을 받으며 힘들게 인생을 살아야 할 때도 있다. 외부 환경에서 좋은 자극을 받았다면 기쁜 소식이거나 '칭찬'일 것이다. 나쁜 자극이라면 기분 나쁜 소식이거나 '충고'가 될 것이다.

뇌는 외부에서 좋은 자극을 받으면 당연히 좋은 반응으로 이어진다. 반대로 나쁜 자극을 받으면 기분이 나쁜 쪽으로 반응하게 된다. 하지만 항상 그렇지 않다. 아무리 외부에서 좋은 자극을 받아도 그 사람의 '마음의 상태'에 따라서 다른 반응을 보일 수 있기 때문이다. 감정이 없는 로봇이 아니라면 외부의 자극과 상관없이 항상 똑같은 반응을 보이는 사람은 없다. 이처럼 외부의 자극보다 마음의 상태에 따라서 행복한 기분을 느끼면서 살아갈 수도 있고 아닐 수도 있다. 그렇다면 심리가 어떤 상태일 때 외부의 자극과 상관없이 기분 좋은 상태를 유지하면서 살아갈 수 있을까? 그것은 다름 아닌 바로 '긍정의 힘'이 가득 채워져 있을 때이다. 심리 상태가 긍정의 에너지로 가득 채워진 사람과 부정의 에너지로 채워진 사람은 실패했을 때 회복 탄력성(resilience)에서 차이가 날 수밖에 없다.

흔히 긍정의 에너지를 공 안에 들어 있는 공기와 비유를 많이 한다. 공을 바닥에 튕겼을 때 바로 튕겨 올라오는 공이 있는가 하면 아예 튕기

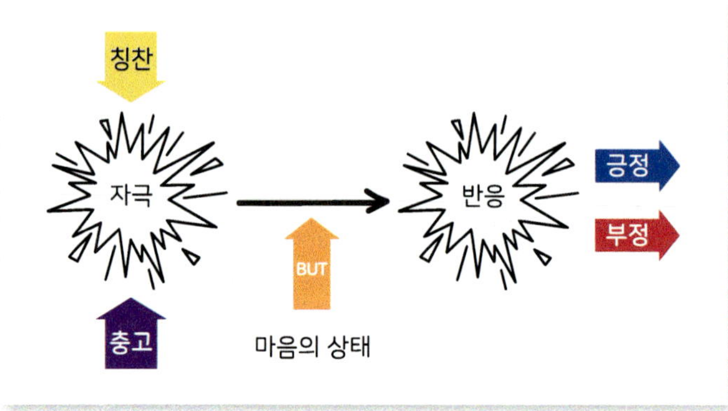

지 않는 공도 있다. 이처럼 공의 공기압이 낮아서 다시 튀어 오르지 않는 것처럼 사람도 긍정의 힘이 부족하면 작고 사소한 일에도 쉽게 좌절하거나 하던 일을 포기해 버린다.

또한, 일상적인 생활 속에서 긍정의 힘이 우리에게 주는 이로운 점은 무수히 많다. 그중에서 몇 가지만 알아보자.

기억력 증진과 면역력을 좋게 만든다. 캐나다 맥길 대학의 소니아 루피앵이라는 박사가 노인의 뇌를 연구했다. 15년 동안 92명의 노인의 뇌를 연구했는데 놀라운 사실은 긍정적인 노인의 뇌가 훨씬 더 노화가 천천히 진행되고 치매에 걸릴 확률이 낮았다는 사실이다. 매사에 긍정적인 사고를 하면 웃을 일이 많아진다. 웃으면 몸속에서 엔도르핀이 분비되어서 자연 살상 세포(natural killer cell)를 활성화 시켜서 암세포를 죽인다. 이처럼 긍정의 힘은 사람을 웃게 만들고 더 나아가서 장수하게 만든다.

좋은 이미지를 형성하게 만든다. 긍정적인 사람들은 표정이 밝다. 자주 웃고 좋은 인상을 심어준다. 전혀 모르는 상대방에게도 밝은 미소로 인사를 나눌 수 있는 마음의 여유를 가진 사람이 바로 긍정적인 마인드를 가진 사람이다. 긍정적인 사고를 하는 사람들은 옷을 입어도 밝은 옷을 선호하는 경향이 많다. 눈에 잘 띄는 밝은 옷을 입고 다니거나 정장을 입고 깔끔한 이미지를 보여 준다. 이처럼 긍정적인 사람들은 이미지관리를 잘하기에 주변 사람들에게 좋은 영향력을 준다.

대인 관계가 넓어진다. 긍정적인 사람들은 쉽게 낯선 사람에게 다가가서 말을 건넬 수 있는 용기가 있다. 이에 반해 부정적인 사람은 "내가 무슨 아쉬울 게 있다고 말을 먼저 해!"라고 단정 지어 생각하는 경향이 많다. 긍정의 소유자들은 먼저 말을 걸어 친하게 지내야겠다는 생각부터 한다. 주변 사람들과 소통 하는 데 어려움이 적어서 인간관계에서도 큰 문제가 발생할 확률이 낮다. '상대에게 어떻게 더 잘해줄까?'라는 고민을 하지 상대방에게 기대하는 마음이 별로 없다. 친구들의 충고도 잘 받아들이고 쉽게 화를 내거나 짜증을 내지 않는다. 충고를 긍정으로 해석하는 힘이 있기에 오히려 고마워할 때가 더 많다. 누구를 만나더라도 이해하고 배려하는 힘이 있기에 대인 관계가 원만해질 수밖에 없다.

회복 탄력성이 생긴다. 누구나 인생을 살면서 한두 번은 의도치 않게 실패를 맛보게 된다. 그런데도 다시 도전하는 사람은 그 힘의 근원은 무엇일까? 바로 '긍정의 힘'이다. 실패하는 것이 문제가 아니라 실패하고 난 이후에 바라보는 관점이 문제가 된다. 누구든지 피할 수 없다. 지금보다 더 큰 성공을 꿈꾸고 있다면 더 큰 실패의 관문을 통과해야 한다. 아인슈타인도 그랬고 에디슨도 그랬고 빌게이츠도 그랬다. 실패 없이 성공한 인물은 이 세상에 단 한 사람도 없었다. 대부분의 위인들은 실패의 경험으로 성공의 월계관을 쓴 인물이 되었다. 실패의 관문 앞에 주저앉아 포기만 하지 않는다면 더 이상 실패는 문제가 되지 않는다. 오히려 그런 실패를 전화위복으로 삼으면 성공 인물의 대열에 오를 수 있다.

알베치 메시는 뉴욕에 상점을 설립하기 전에 일곱번이나 실패를 했다. 영국의 존 크리시는 735번의 거절을 당한 끝에 564권의 책을 출판

했다. 홈런왕 베이브 루스는 스트라이크 아웃을 1330번이나 당했지만 홈런 714개를 쳤다. 이처럼 자신이 원하는 꿈을 향해 도전하다가 겪는 실패는 문제가 아니라 그 실패를 딛고 일어설 수 있는 마음의 태도가 문제가 된다. 긍정의 에너지가 충만해 있다면 얼마든지 다시 일어나서 도전장을 내밀 수 있기 때문이다.

끈기와 인내심을 길러 준다. 누구는 한 번의 도전으로 쉽게 좌절을 하는 사람이 있는가 하면 몇 번의 좌절과 실패에도 불구하고 절대 포기를 모르는 사람들이 있다. 이런 사람들의 공통된 특징은 바로 '긍정의 힘'을 가졌다는 것이다. 긍정의 힘을 가진 사람은 한번 시작한 일은 결실을 보기까지 절대 포기를 모른다. 언젠가는 좋은 결과가 나올 것이라는 기대를 하고 살아가는 사람들이기 때문이다. 때론 시련기를 맞아도 성공하기 위한 필수조건으로 여긴다. "이번에 안 되면 다음에 되겠지! 다음에 안 되면 그다음에 되겠지!"를 생각하는 사람들이다. 끈기와 인내심이 있는 사람들은 지금은 힘들어도 나중에 더 좋은 결과가 있을 것이라는 기대를 가슴에 품고 도전하기 때문에 쉽게 포기하는 법이 없다. 만약 긍정의 힘이 부족하다면 오랫동안 시련과 실패에도 불구하고 끈기와 인내심을 발휘하여 성공할 수 있는 인물은 나올 수 없다.

독창적인 아이디어를 발휘한다. 아이디어의 원천은 많은 실패의 경험으로 탄생한다. 수많은 실패를 맛보더라도 그 실패 속에서 또 다른 방법을 찾아내는 사람이 긍정적인 사람이다. 좋은 아이디어는 긍정의 힘을 가진 사람들의 머릿속에서 나온다. 100개의 아이디어 속에서 단 한 가지만이라도 채택이 되면 지금까지 투자한 시간과 노력을 모두 보상받을 수 있다. 아이디어와 문제 해결 능력은 새로운 돌파구가 있다고 생각하고 그 문제와 싸울 때 생겨난다. "내 머리는 남들보다 부족한 부분이 많아서 좋은 아이디어가 나오긴 힘들어!"라고 생각하는 순간 떠오르는 좋은 아이디어는 더 이상 빛을 발하지 못한다. 그러나 모두가 불가능하다고 말하는 문제 앞에서도 긍정적인 생각을 하고 도전하는 사람들은 독창적인 아이디어를 만들어 낸다.

인생의 멘토가 될 수 있다. 인생을 살면서 삶이 힘들 때 찾게 되는 사람이 있다. 바로 인생의 멘토들이다. 그러나 아무나 멘토가 될 수는 없다. 다른 누군가의 멘토 역할을 자처하는 분이 있다면 반드시 긍정의 힘을 가진 사람이 맡아야 한다. 적어도 멘티보다는 긍정적인 사고를 할 줄 아는 사람이 해야 한다. 똑같은 환경에서도 삶을 해석하는 방식이 긍정적일 때 멘토 역할도 할 수 있다. 일생을 살다 보면 한 번쯤은 막막하고 길이 보이지 않을 때가 있다. 모든 일이 풀리지 않는 문제와 상처로 가슴앓이하고 있을 때 긍정적인 사람을 만나서 마음을 터놓고 속 시원하게 소통하고 싶을 때가 있다. 이런 내담자의 고충을 구원해줄 사람은 바로 긍정의 힘을 가진 멘토이다. 세계 최초 긍정 심리학을 주장한 사람은 마틴 셀리그만이다. 그는 "이제 심리학은 아프고 병든 사람의 정신을 치료하는 학문이 아니다. 아프고 병들기 전에 미리 예방할 수 있는 학문이 되어야 한다."라고 주장했다. 긍정적인 사고를 가장 쉽게 무의식에 충전하는 방법은 '자기 확언'이다. 말은 우리의 생각을 지배하기에 이것을 이용하면 무의식에 긍정을 새겨 넣을 수 있다.

■ 긍정의 힘을 가진 인물 사례

사례 1. 닉 부이치치

닉 부이치치는 호주에서 양팔과 양다리 없이 발가락 두 개가 달린 작은 왼발 하나만 가지고 태어났다. 하지만 신체에 대해 불평하기보다는 긍정적인 태도로 절망적인 상황에서도 희망적으로 생각을 바꾸었다. 부모가 말하기를 "너는 이 세상에서 가장 소중한 사람이고 더욱 특별하단다. 없는 것 때문에 괴로워하지 말고 가지고 있는 것에 감사하고 할 수 있는 것에 집중해라. 해 보기도 전에 할 수 있는지 없는지 아무도 모른다. 도전하는 걸 두려워 말고 최선을 다해라. 실패하더라도 포기하지 마라."라고 하면서 긍정적인 마인드를 심어 주었다. 팔과 다리가 없는 사람으로 태어나서 절망에 빠져서 부모를 원망하면서 살아갈 수도 있었겠지만 닉은 그렇게 살지 않았다. 팔과 다리가 없어도 드럼을 연주하고 골프를 치고 수영을 할 줄 안다. 신체적으로 부족하고 없는 것에 집착하기보다는 이미 갖고 있는 것 중에서 할 수 있는 것에 초점을 맞추면 문제가 되지 않는다는 것이다. 삶이 힘들고 지칠 때 닉이 강연하고 있는 유튜브 영상을 보자. 신체 건강하게 태어나서 도전도 해 보기 전에 못한다고 생각하는 것 자체가 부끄럽게 느껴질 것이다. 지금 이 순간에도 전 세계를 순회하면서 많은 사람들에게 삶의 희망의 에너지를 선물하고 있을 닉을 상상하면서 지금의 힘든 시기를 잘 극복하는 여러분이 되길 바란다.

사례 2. 에이브러햄 링컨

미국 대통령을 지낸 인물 중에서 가장 존경받는 사람이 있다. 그분은 바로 에이브러햄 링컨(Abraham Lincoln)이다. 왜 링컨이 이처럼 미국에서 존경받는 것일까? 대통령을 지낸 인물이기도 하지만 그분의 삶 자체가 실패의 연속이었다. 남들보다는 더 많은 실패를 거듭하였지만 결코 문제가 되지 않았다. 왜냐하면, 마음속에 그 누구와도 비교할 수 없는 긍정의 에너지를 소유한 인물이기 때문이다. 링컨의 아버지 토머스 링컨은 가난한 농부였고 구두 수선공이었다. 그의 어머니 낸시 행크스 링컨 역시 미혼모의 딸이었으며 두 분 다 문맹이었다. 링컨을 연구한 전문가들은 링컨이 27번의 실패를 거듭했다고 주장한다. 그의 실패 사례를 보면 얼마나 긍정적인 마인드의 소유자였는지를 짐작할 수 있다.

15세 - 집을 잃고 길거리로 쫓겨남
23세 - 사업 실패
24세 - 주 의회 선거에서 낙선
25세 - 사업파산
26세 - 약혼자 갑작스런 사망
28세 - 신경쇠약으로 입원
30세 - 주의회 의장직 선거에서 패배
32세 - 정부통령 선거위원 출마 패배
35세 - 하원의원 선거 낙선
36세 - 하원의원 공천 탈락
40세 - 하원의원 재선거 낙선
47세 - 상원의원 선거 낙선
48세 - 부통령 후보 지명전 낙선
50세 - 상원의원 출마 낙선

마침내 링컨은 52세 16대 대통령에 당선이 되고 이듬해 또다시 한 번 대통령에 재선되었다. 링컨은 실패자로 끝날 수도 있었다. 하지만 그의 마음속에 누구보다도 긍정의 힘이 강하게 자리 잡고 있었다. 진정한 실패는 포기했을 때 하는 말이지 링컨에게는 통하지 않았다. 실패를 거듭하긴 했지만, 실패로 생각하지 않았다. 이 정도로 자신이 하고자 하는 일이 안 풀리면 포기를 선택할 법도 한데 링컨은 그렇게 하지 않았다. 아마도 실패를 해석하는 방식이 남달랐기 때문이지 않았을까 생각한다.

사례 3. 이순신 장군

이순신 장군의 업적을 연구하면 긍정적인 마인드를 키울 수 있다. 만약 이순신 장군이 없었다면 우리나라는 일본의 지배를 받고 역사 속에서 사라졌을 것이다. 명량해전 때 선조 임금에게 올리는 글에서 "신에게는 아직 12척의 배가 남아 있습니다."라는 말을 했다. 133척과 맞서 싸우는 마당에 12척의 배가 남아 있다는 말은 이순신 장군의 긍정적인 사고를 엿볼 수 있다. 이처럼 죽기를 각오하고 싸우면 이길 것이라는 말을 몸소 실행에 옮긴 인물이 있었기에 지금의 우리나라가 건재하고 있다. 이순신 장군의 어록만 보더라도 얼마나 긍정적인 위인이었는지 짐작이 간다.

사례 4. 칼라일

'프랑스 혁명사'를 집필한 칼라일의 일화이다. 그는 자신의 원고를 가장 믿을 만한 친구였던 존 스튜어트 밀에게 건네주며 좋은 의견과 충고를 듣고자 했다. 밀은 집에서 원고를 읽다가 잠깐 외출하기 위해 원고를 거실에 두고 나갔다. 그런데 가정부가 그것을 폐지로 알고 불쏘시개로 사용해 버렸다. 심혈을 기울여 완성한 작품이 인쇄소로 넘어가기도 전에 하루아침에 잿더미로 변한 것이다. 이 소식을 전해들은 칼라일은 친구에게 이렇게 말을 했다고 한다. "내가 제출한 과제물을 선생님이 좀 더 훌륭하게 작성하라고 또다시 과제물을 내준 셈 치면 되네." 그런 뒤에 그는 다시 자료를 조사하여 책을 잘 마무리하였다고 한다.

사례 5. 마틴 셀리그먼

마틴 셀리그먼(Martin E. P. Seligman)은 1942년 8월 12일 뉴욕의 올버니에서 태어났다. 1975년 우울증을 설명하는 '학습된 무기력' 이론을 발표하여 세계적인 명성을 얻게 되었다. 그 이후 1991년에 '학습

이순신 장군의 어록

- **몸이 약하다고 고민하지 말라!**
  나는 평생 고질적인 위장병과 전염병으로 고통받았다.
- **기회가 주어지지 않는다고 불평하지 말라!**
  나는 적국의 침입으로 나라가 위태로워진 후 마흔일곱에 제독이 되었다.
- **좋은 지위가 아니라고 불평하지 말라!**
  나는 14년 동안 변방 오지의 말단 수비 장교로 돌았다.
- **조직의 지원이 없다고 실망하지 말라!**
  나는 스스로 논밭을 갈아 군자금을 만들었고, 스물 세번 싸워 스물세 번 이겼다.
- **머리가 나쁘다고 탓하지 말라!**
  나는 첫 시험에서 낙방을 하고 서른둘의 늦은 나이에 겨우 과거에 급제했다.
- **집안이 나쁘다고 탓하지 말라!**
  나는 몰락한 역적의 가문에서 태어나 가난 때문에 외갓집에서 자랐다.
- **윗사람 지시에 어쩔 수 없다고 말하지 말라!**
  나는 불의한 직속 상관들과의 불화로 몇 차례나 파면과 불이익을 받았다.
- **윗사람이 알아주지 않는다고 불평하지 말라!**
  나는 끊임없는 임금의 오해와 의심으로 모든 공을 빼앗긴 채 옥살이를 해야 했다.
- **옳지 못한 방법으로 가족을 사랑한다 말하지 말라!**
  나는 스무살의 아들을 적의 칼날에 잃었고 또 다른 아들과 함께 전쟁터로 나섰다.
- **죽음이 두렵다고 말하지 말라!**
  나는 적들이 물러가는 마지막 전투에서 스스로 죽음을 택했다.
- **자본이 없다고 절망하지 말라!**
  나는 빈손으로 돌아온 전쟁터에서 12척의 낡은 배로 133척의 적을 막았다.

된 낙관주의'라는 저서를 발표하면서 인간의 긍정적 측면과 행복에 대해 깊은 관심을 갖게 되었으며, 1998년 미국심리학회장에 취임하면서 긍정 심리학을 창시하였다. "심리학은 인간의 약점과 장애에 대한 학문이 아니라 인간의 강점과 덕성에 대한 학문이기도 해야 한다. 진정한 치료는 손상된 것을 고치는 것이 아니라, 우리 안에 있는 최선의 가능성을 이끌어 내는 것이어야 한다."라고 제안했다. 그가 주장하기를 심리학은 질병, 약점, 결함의 탐구일 뿐만 아니라 행복, 강점, 덕성에 대한 학문이기도 해야 한다는 것을 강조했다.

사례 6. 처칠

처칠은 조산아로 태어나 초등학교 교사로부터 제일 멍청한 아이라는 말을 듣기도 했고, 중학교 때는 영어에서 낙제 점수를 받아 3년이나 유급도 당했다. 나중에는 캠브리지나 옥스퍼드에 입학할 능력이 안 되어서 육군 사관 학교에 입학하고 결국에는 영국의 총리까지 오르게 된다. 훗날 처칠은 나오지도 않은 명문 옥스퍼드 대학에 졸업식 축사를 하게 된다. 그는 위엄 있는 차림으로 담배를 물고 졸업장에 나타났다. 그가 축사하기 위해 연단에 오르자 관중은 일제히 자리에서 일어나 그에게 박수를 보냈다. 열광적인 환영을 받으며 천천히 모자와 담배를 연단에 내려놓았다. 그리고 나서 청중을 바라보았다. 청중들은 일제히 숨을 죽이고 그의 입에서 나올 근사한 축사를 기대했다. 그때 처칠의 잊지 못할 짧은 축사가 시작한다. "포기하지 말라(Never Give Up)" 그는 힘 있는 목소리로 첫마디를 뗐다. 그리고는 다시 청중을 천천히 둘러보고 나서 축사를 이어갔다. "절대로, 절대로, 절대로 포기하지 말라!(Never, Never, Never Give Up!)"처칠은 다시 한번 큰 소리로 외쳤다. 그리고는 연단을 내려왔다. 비록 짧은 축사였지만 이날 식장에 참석한 관중은 일어나서 모두 박수를 보낸다. 이날 축사가 길었다면 아무도 그의 연설을 기억하지 못했을 것이다. 더 나아가서 짧게 끝낸 그의 힘찬 연설문 내용만 보더라도 평소 그의 삶의 태도가 얼마나 긍정적인 사람인지 알 수 있다.

사례 7. 오프라 윈프리

오프라 윈프리는 사생아로 태어나 아홉 살 때 사촌에게 성폭행을 당하고 마약에 빠지는 등 불우한 어린 시절을 보냈다. 그러나 미국 내 시청자만 2200만 명에 세계 105개국에서 방영되는 토크쇼의 여왕, 잡지 케이블TV 인터넷까지 거느린 주식회사의 회장이 되었다. 흑인 최초의 보그지 패션모델이 되기도 했으며 1991년 달리기를 통해 107kg이던 몸무게를 2년 만에 68kg으로 줄여서 화제가 되기도 했다. 미국인이 가장 존경하는 인물 1위로 선정되었고 가난한 사람도 지식을 쌓아야 한다

오프라 윈프리의 십계명

첫째, 남들의 호감을 애써 얻으려 하지 말자.
둘째, 전진하는 동안 환경에 의존하지 말자.
셋째, 일과 삶이 조화를 이루게 최선을 다하자.
넷째, 험담하는 사람들을 멀리 하자.
다섯째, 타인에게 친절하자.
여섯째, 중독되는 것을 과감히 끊자.
일곱째, 나보다 나은 사람으로 주위를 채우자.
여덟째, 돈 때문에 하는 일이 아닌 이상 돈은 잊고 일하자.
아홉째, 나의 권한을 타인에게 넘기지 말자
열째, 절대로 포기하지 말자.

는 그녀는 인재 양성을 위해 남아프리카 공화국에 국립학교를 신설하여 400억 원을 들여 152명의 여학생들에게 무상으로 교육시켰다. 차가 필요 하지만 돈이 없어 차를 못 사는 256명의 방청객들에게 3천만 원짜리 자동차 선물을 시작으로 각종 도서관, 교육기관 등에 540억 원의 기금을 지원하는 연예계 인사 중 자선 기부 1위에 올랐다. 어쩌면 오프라 윈프리는 가장 낮은 곳에서 출발해 가장 높은 곳까지 오른 인물임에 틀림이 없다.

■ 긍정의 힘을 키우는 방법

긍정적인 힘은 하루아침에 길러지지 않겠지만 구체적인 방법을 알고 도전하면 보다 쉽게 배우고 실천할 수 있다. 할 수 있다고 믿든 할 수 없다고 믿든 그것은 누구나 마음먹기에 달렸다. 하지만 이 둘의 관점의 차이는 엄청난 결과를 만들어 낸다. '긍정은 천하를 얻고 부정은 깡통을 찬다.'라는 말이 있다. 이 세상은 긍정적인 사람들에 의해서 성장하고 발전한다는 사실을 알아야 한다. 성 아우구스티누스는 "믿음은 아직 당장 눈에 보이지 않는 것을 믿는 것이다. 이 믿음에 대한 보상은 믿음대로 보게 된다는 것이다."라는 말을 했다. 패트리샤 닐도 주장하기를 "강인하고 긍정적인 태도는 그 어떤 특효약보다 더 많은 기적을 만들어 낸다."라고 했다.

자신과의 약속 이행이다. 긍정적인 사고 속에서 도전할 의지가 생긴다. 반면 부정적인 사고 속에서는 두려움이 생겨 도전을 피한다. 부정적인 사고가 뇌를 차지하면 모든 일은 귀찮아진다. 이때 의지력을 발휘하여 노력해도 잘되지 않는다. 그 이유는 자신과 싸움에서 매번 지기 때문이다. 자신과 싸움에서 이기는 방법은 억지로 실천하는 방법밖에 없다. 그러나 대부분은 하고 싶은 때를 기다린다. 하고 싶은 마음이 생길 때까지 기다리지 말고, 하기로 했으면 억지로 실천해야 한다. '사람은 의욕이 없어서 실천하지 못하는 것이 아니라, 실천하지 않기 때문에 의욕이 생기지 않는 것이다.' 이처럼 긍정의 힘은 자신과의 약속 이행에서 생긴다.

몰입하는 삶이다. 칙센트 미하이는 몰입이란 삶이 고조되는 순간에 물 흐르듯 행동이 자연스럽게 이루어지는 느낌의 상태라고 정의했다. 이처럼 몰입은 어떤 활동에 깊이 빠져서 시간이나 공간, 타인의 존재, 자신의 생각까지도 잊는 심리 현상으로 무아지경에 빠진 경우를 의미한다. 몰입은 좋아하는 일을 하거나 자신의 강점을 발휘할 때 경험할 수 있다. 긍정의 에너지를 충전하는 방법을 쇼핑할 때 느끼는 순간의 기쁨이나, 육체적인 쾌락이라고 생각하기 쉽다. 하지만 가장 효과적인 방법은 좋아하는 일에 몰입하여 시간 가는 줄 모를 때이다.

타인과 함께하는 삶이다. 사람은 태어나서 죽을 때까지 혼자서는 살아갈 수 없는 존재이다. 서로 도움을 주고 도움을 받으면서 공존할 수밖에 없다. 인간관계에서 서로 어긋나기 시작하면 긍정의 에너지를 충전하기 힘들다. 긍정의 에너지는 누군가를 사랑하고 누군가로부터 사랑받고 있다는 믿음에서 생긴다. 고통스러운 인간관계는 신체적 건강에도 해로운 영향을 끼쳐서 면역기능도 떨어트린다. 생활 속에서 이루어지는 인간관계는 크게 네 가지로 나뉜다. 가족 관계, 이성 관계, 교우 관계, 사회적 관계이다. 이 네 가지 중에서 한 가지라도 제대로 작동하지 않으면 심리적 불안으로 긍정의 힘에 구멍이 생긴다.

의미와 가치성 있는 삶이다. 의미와 가치성 있는 삶과 쾌락주의 삶은 엄연히 다르다. 쾌락주의 삶은 일회성으로 끝나버리는 행복일지 모르지만, 의미와 가치성 있는 삶은 두고두고 삶을 돌아봤을 때 주변 사람들로부터 존경과 인정을 받을 수 있다. 지금 당장 좋은 결과만을 추구하는 사람은 의미와 가치성 있는 삶을 경험하기 힘들다. 결과만 놓고 평가하는 삶이 아니라, 당장 손해를 보더라도 더 멀리 보고 도전하는 삶이다. 한 사람의 힘듦이 주변 사람들에게 더 큰 행복을 안겨 준다는 것을 알고 있다. 이처럼 진정한 의미와 가치 있는 삶은 배려와 양보에서 긍정의 에너지를 샘솟게 한다.

능동적인 삶의 태도이다. 삶을 살아가는 방식에는 크게 두 가지가 있다. 수동적인 삶을 살 것인가? 아니면 능동적인 삶을 살 것인가? 이 둘의 차이는 실로 어마어마하다. 좋은 일이 있을 때만 웃는 게 아니라, 매일 환한 미소로 기분을 좋게 만들자. 기분이 좋을 때만 노래를 부르는 게 아니라, 매일 즐거운 노래를 불러서 기분을 좋게 만들자. 기분이 좋을 때만 산에 오르는 게 아니라, 자주 산에 올라서 기분을 좋게 만들자. 이렇게 사는 것이 능동적인 삶이다. 이처럼 수동적인 삶의 태도에서 벗어나 능동적인 삶의 태도로 전환한다면 일상에서 긍정의 에너지를 충전할 수 있다.

사고 전환 훈련이다. 만약 부정적인 사고로 고통받고 있다면 긍정적인 사고로 전환해 보자. 사고에는 크게 두 가지가 있다. 합리적인 사고와 비합리적인 사고이다. 사람은 하루에 5~6만 가지의 생각을 한다. 이런 생각 중에서 거의 80%는 비합리적인 사고이고, 일부 20%는 합리적인 사고에 속한다. 사람은 누구나 걱정과 염려로 비합리적인 사고에 빠지기 쉽다. 이런 사고방식에서 벗어나기 위해서는 사고의 전환 훈련이 무엇보다 중요하다. 바로 '인지 치료(cognitive therapy)'이다. 무의식중에 떠오르는 비합리적인 사고를 더 현명한 합리적인 사고로 전환하다가 보면 긍정의 힘이 생겨난다.

"불운은 행운의 시작이다. 위기는 반전의 또 다른 기회이다. 손실로

부터 이익을 끌어낸다. 고난은 능력을 검정한다. 시련은 전화위복을 의미한다."

이처럼 모든 삶의 힘듦은 각자 해석하기 나름이다. 평소 어떤 마음가짐과 태도로 인생을 살아가느냐는 전적으로 사고하는 습관에 달렸다.

패러다임 전환 훈련

부정적인 사고	긍정적인 사고
"서울대학도 못 나온 내가 세계 최고의 대중 연설가가 될 수 있을까?"	"대중 연설가는 학벌로 되는 게 아니다. 실력으로 승부수를 띄우면 못할 게 없다."
"지방에서 교육 사업을 한다고 해서 성공할 수 있을까?"	"지방이 문제가 아니라 인성교육의 대안이 될 수 있는 책을 집필하면 가능할 수 있다."
"사람들의 타고난 성격을 바꾼다는 것은 어리석은 생각이 아닐까?"	"성격은 타고나는 것도 있지만 꾸준한 노력으로 얼마든지 바뀔 수 있어."
"이렇게 노력한다고 해서 사람들이 알아주기나 하겠어?"	"세상 사람들이 알아주지 않더라도 인성교육에 도움이 된다면 괜찮아."
"인성보다 학업 성적을 중요하게 여기는데, 독서 코칭에 관심이나 있을까?"	"독서를 통해 인생의 변화를 경험한 사람들이 있기에 강의와 책 출간을 꾸준히 한다면 언젠가는 관심을 가질 날이 올 거야."
"책을 쓴다고 베스트 셀러 작가가 될 수 있을까?"	"이 세상에 꼭 필요로 하는 가치 있는 책을 집필한다면 못해 낼 것도 없어."

■ 긍정적인 사고방식

성공하는 사람들의 가장 돋보이는 사고의 공통점은 바로 '긍정적인 사고방식'을 갖고 있다는 점이다. 똑같은 시련에 맞닥뜨려도 그 상황을 어떻게 받아들이고 해석하느냐에 따라서 한 사람의 운명이 결정된다. 이때 긍정적으로 해석하는 사고방식이 습관화되어 있다면 문제 될 게 없다.

헨리 포드가 "어떤 일을 할 수 있다고 믿든, 할 수 없다고 믿든, 아마도 당신이 믿는 그대로 될 것이다."라는 말을 했다. 이 말처럼 긍정적인 사고로 하는 일에 매진한다면 부정적일 때보다 훨씬 더 좋은 결과를 만들어 낼 수 있다.

로버트 슐러 목사는 실패까지도 껴안을 수 있는 긍정의 말을 남겼다. 무슨 일을 하다가 실패했을 때, "이젠 끝이다. 내 인생은 여기서 끝났다."라고 절망하지 말라고 강조한다. 부정적인 사고 습관을 하루아침에 바꿀 수는 없다. 끊임없이 다른 관점으로 바라볼 수 있는 습관을 들여야 바꿀 수 있다. 때로는 긍정의 말을 많이 하는 사람들과 의도적으로 가까이 지내고 먼저 칭찬하는 습관부터 들이자.

로마의 황제이며 철학자인 마르크스 아우렐리우스는 "좋은 것도 좋지 않은 것도 없다. 다만 생각이 그것을 만들어 낼 뿐이다."라며 긍정적인 사고의 힘을 일찍이 갈파했다.

하루야마 시게오는 '플러스 사고'가 면역체계에 미치는 영향을 과학적으로 연구했다. 그 결과 다음과 같은 결론을 내렸다.

"무엇이든 플러스 발상을 하는 습관을 갖춘 사람은 면역성이 강하여 좀처럼 병에 걸리지 않는다. 그러나 마이너스 발상만 하는 사람은 쉽게 병에 걸린다." 건강한 육체를 만들기 위해서라도 마음가짐을 플러스 사고로 해야 한다. 이처럼 긍정의 힘은 뇌 기능에도 영향을 미친다.

2003년 11월 20일 BBC 방송은 캐나다 몬트리올 맥길 대학의 여성 과학자 소니아 루피앵 박사의 런던 왕립학술회의 발표를 인용해 "자신감이 없는 사람은 늙어가면서 기억력이 감퇴하기 쉽다."라고 보도했다. 루피앵은 "자신감이 결여된 사람들이 자부심이 강한 사람들에 비해 뇌의 크기가 약 20%나 삭고 기억과 학습 기능도 크게 떨어지는 것으로 나타났다. 그러나 부정적인 마음을 가진 이들도 심리치료와 긍정적 사고를 한다면 떨어진 뇌 기능을 회복할 수 있으며, 동물과 인간 실험 결과가 이를 보여 준다. 나이를 먹을수록 기억력이 저하한다는 불안한 고정관념이 뇌 기능 저하로 이어진다. 까먹는 것이 정상이라고 믿는다면 기억력 회복은 어렵다."라고 지적했다.

나폴레옹 힐의 생일날에 있었던 유명한 일화가 있다. 멋지고 두툼한 사전을 선물한 제자들 앞에서 그는 펜을 꺼내 들고 '불가능'이란 말을 찾아 지워버렸다. 그리고 나서는 "자, 이제 이 사전을 받을 수 있겠군. 이 사전에 '불가능'이란 말이 실려 있을 때 받을 수가 없었지. 이제까지 불가능이라고 일컬어지던 것들이 실은 불가능하지 않았던 예들을 수없이 봐왔기 때문이다. 이 세상에 불가능이 존재하지 않는다고 확신하고 있다."라고 말했다. 이제 긍정적이고 적극적인 사람이 되기 위해서는 머릿속에서 좋은 생각을 계속 불어넣어야 한다.

긍정의 힘을 주는 한 일화 중에 마음의 그릇을 키울 수 있는 이야기가 있다. 현명한 큰스님이 젊은 스님을 제자로 받아들였다. 그런데 제자는 모든 일에 무슨 불만이 그렇게 많은지 늘 투덜거렸다. 그러던 어느 날 아침, 큰스님은 제자를 불러 놓고 소금을 한 줌 가져오라고 명령했다. 소금을 물컵에 넣게 하고 그 물을 마시게 했다. 제자는 얼굴을 잔뜩 찡그리며 그 물을 마셨다. 큰스님이 물었다.

"맛이 어떠냐?"

"짭니다."

제자가 인상을 찌푸리며 약간은 성난 목소리로 대답했다. 큰스님은 다시 소금을 한 줌 더 가져오게 하더니 근처 호숫가로 제자를 데리고 갔다. 소금을 쥔 제자의 손을 호수에 넣고 휘휘 저었다. 잠시 뒤 큰스님은 호수의 물을 한 컵 떠서 제자에게 마시게 했다.

"맛이 어떠냐?"

"시원합니다."

"소금 맛이 느껴지느냐?"

"아니요." 그러자 큰스님이 말했다.

"인생의 고통은 순수한 소금과 같으니라. 하지만 짠맛의 정도는 고통을 담는 그릇에 따라 달라지지. 자네가 고통 속에 있다면 작은 그릇이 되는 걸 멈추고 스스로 호수가 되어라."라는 말을 전했다. 이처럼은 마음의 그릇이 작은 사람은 쉽게 짜증을 낸다. 긍정의 힘이 있는 사람이 되려면 마음의 그릇부터 크게 키울 필요가 있다.

고대 그리스의 철학자 에픽테투스는 "상황이 사람을 만드는 것이 아니다. 상황은 단지 자신이 어떤 사람인지를 스스로에게 드러내 보일 뿐이다."라는 말을 했다. 어려운 상황에 놓여 있을 때 어떻게 행동하는가를 보면 그 사람의 마음 상태를 알 수 있다. 행동이 아름다울 수도 있고 추할 수도 있지만 진정한 내면은 그때 드러난다. 분명한 사실은 긍정적인 사고방식을 가진 사람이 그 위기를 잘 헤쳐 나아갈 수밖에 없다.

프랭크 밴더 마틴은 오하이오주에서 제일가는 바이올리니스트였다. 열여덟 살 어느 날 아버지 대장간에서 사고가 났다. 빨갛게 달궈진 쇠가 마틴 손에 떨어져 바이올린을 잡던 손가락이 잘려나간 것이다. 마틴의 왼손에는 엄지손가락만 남게 되었다. 그래도 마틴은 누구를 원망하거나 좌절에 빠져 있지 않았다. 엄지손가락뿐인 왼손으로 바이올린을 잡고 피나는 연습을 했다. 그리하여 오하이오주 수 카운티 교향악단의 바이올리니스트가 되었다. 여섯 개의 손가락으로 바이올린을 연주하는 마틴은 누구보다도 열심히 연주했으며, 수 카운티 교향악단의 제일가는 바이올리니스트가 되었다. 마틴은 자신을 위로하는 사람들에게 항상 이렇게 말했다.

"내가 장애인이라고 생각하지 않는 한 나는 결코 장애인이 아니다."

이런 마틴의 생각처럼 불가능한 일이 존재하는 것이 아니라, 불가능하다는 생각이 존재할 뿐이다.

STEP 03

말의 힘

"긍정의 말은 성공과 행복을 찾아오게 만들고,
부정의 말은 실패와 불행이 찾아오게 만든다."
– 김상언

생각과 말이 싸우게 된다면 누가 이길까? 생각이 이길 것 같지만 말이 이긴다. 말은 뇌의 생각을 지배하기 때문이다. 이는 곧 자기 대화(self talk)를 통해서 뇌의 잠재 능력을 깨울 수 있다는 의미다. 뇌를 긍정적인 뇌로 깨어 있게 만드는 방법은 끊임없는 자기암시를 통해서 가능하다.

자기암시는 뇌의 생각을 원하는 상태로 바꿔 놓을 수 있다. 부정적인 감정이 들 때는 **"나는 기분이 좋다. 매일 기분이 날아갈 듯이 기쁘다!"**라고 외치면 된다. 무의식에 긍정적인 생각을 가득 채우려고 노력하자. 부정의 감정이 비집고 들어올 자리가 없도록 긍정적인 말로 자기 최면을 걸자.

미국 신사고 운동의 초기 지도자였던 라슨은 자신의 의식 수준을 높이기 위해서 다음과 같은 자기암시문을 매일 반복하여 선언했다.

"나는 지금의 나보다 더욱 대단한 사람이 될 것이다.

나는 할 수 있음을 알기에 더 많은 것을 성취할 것이다.

나는 나 자신과 다른 사람의 장점만을 볼 것이다.

나는 불행이 닥쳤을 때 더욱 단호히 대처하여 어떤 상황이든 긍정적으로 이용할 수 있음을 증명할 것이다.

나는 나와 다른 이에게 자유와 진실, 행복이 찾아오기를 진정으로 소망할 것이다.

나는 언제나 격려, 기쁨, 용기를 북돋우는 말만 할 것이다.

나는 모든 사람에게 봉사할 것이며, 주변 사람들이 풍요롭고 아름다운 삶을 살 수 있도록 최선을 다해 도울 것이다."

자기암시는 높은 자아에 대한 호소이며 내면의 무의식에 긍정의 에너지를 불어넣는 과정이다. 이런 암시를 하기에 가장 좋은 시간은 언제일까? 의식이 무의식에 간섭하지 않을 때 무의식적으로 받아들일 수 있는 때가 되어야 하는데 저녁에 잠들기 직전과 아침에 완전하게 깨어나기 직전에 하는 것이 가장 좋은 시간이다.

지금까지 보여 주지 못한 새로운 능력을 발휘하기 위해서는 무의식 상태에 있는 뇌의 잠재 능력을 깨우자. 절대 부정적인 감정 상태에서는 깨울 수 없다. 부정적인 감정을 몰아내기 위해서는 긍정적인 말을 반복하면 된다. 적어도 하루에 한두 번씩 아침·저녁으로 큰 목소리로 외쳐보자.

미국의 시인 휘티어가 말한 것처럼 아침마다 일어나서 이렇게 외쳐보자. "나는 모든 일을 제 때에 하고 미루지 않을 것이다. 인생의 시계는 단 한 번밖에 감기지 않으며, 그 시곗바늘이 멈추는 시기를 알지 못하기 때문이다. 나는 의지력으로 해야 할 그 일을 할 것이다. 내일까지 기다리지 않을 것이다."

자기암시의 효과

자기암시란 타인 또는 스스로 외치는 말에 의해서 이성적인 판단에 영향을 받지 않고 그대로 잠재의식 속에 스며들어 행동, 태도, 몸의 변화를 불러일으키는 정신작용을 의미한다. 1920년대 프랑스의 에밀 쿠에 의해서 연구되어 널리 알려졌다. 그는 긍정적인 암시로 수천 명의 환자를 낫게 하였기에 지금까지도 적용되고 있다. 특히 그의 암시문 중에는 가장 늘리 알려진 문장이 있다.

"나는 날마다 모든 면에서 점점 더 좋아지고 있다. (Day by day, In everyway, I am getting better and better.)"

이런 암시를 꾸준히 하게 되면 신체적, 정신적, 성격, 금전적인 모든 면에서 점점 더 좋아지며 더욱 발전된 모습으로 변해 갈 수 있다. 물론 하루아침에 좋은 성과로 이어지는 건 아니고 꾸준히 반복해야 효과가 있다. 스스로 내뱉는 칭찬의 효과와 말의 힘에서 비롯된 것이다.

인디언 금언 중에서 '같은 말을 만 번 이상 반복하면 반드시 그렇게 된다.'라는 말이 있으며, 유대인 속담 중에도 '말을 하기 전에는 그 말의 주인이지만, 말을 내뱉고 나면 그 말에 노예가 된다.'라는 말이 있다.

이처럼 말은 큰 힘을 갖고 있다. 기분이 나쁘다고 해서 부정적인 말을 함부로 하면 안 된다. 매일 반복된 일상생활에서 항상 기분이 좋을 수만은 없다. 몸이 피곤해서 그럴 수도 있고, 뜻하지 않는 불행이 찾아와서 힘들어질 수도 있다. 말의 힘이 인생을 좌지우지한다는 것을 알고 바른 말 고운 말을 하자.

오프라 윈프리도 "가난이 나를 지배하도록 놔두지 않겠다."라는 말을 매일 암시하여 인생을 송두리째 바꿨다. 이제부터라도 인생을 살면서 무심코 내뱉는 말을 제대로 관리하고 교정한다면 지금까지와는 완전히 다른 새로운 전환점을 맞이하게 될 것이다.

하지만 암시를 할 때 가장 어려운 점은 이게 무슨 효과가 있을까? 라는 '불신'이 생기는 게 가장 큰 문제다. 이미 효과를 보고 나서 성공한 사람들이 있음에도 불구하고 믿음이 생기지 않는다. 자기암시의 원리를 믿든 안 믿든 그것은 어디까지나 각자 선택의 몫이다. 하지만 이미 성공한 인물들에 의해서 증명된 사실이라면 의심하지 말고 믿고 실천해 보자.

자신감을 키워 주는 가장 좋은 방법은 자기암시보다 타인에게 듣는 칭찬이다. 하지만 칭찬을 가정이나 직장에서 매일 듣고 싶어도 들을 수 없다. 남들로부터 칭찬받기를 학수고대하기보다는 차라리 스스로 긍정의 말을 통해 반복하는 것이 더 효과적일 때가 많다.

우리의 뇌는 옳고 그름을 판단하여 믿게 되지만, 어떤 말을 반복해서 듣게 되면 판단하지 않고 바로 믿게 된다. 부정의 말이든 긍정의 말이든 같은 말을 계속 반복하면 우리의 뇌는 쉽게 세뇌된다. 물론 처음 자기암시를 하면 어색하기 그지없다. 현실과 동떨어진 말을 할 수밖에 없기 때문이다.

돈도 없으면서 "나는 부자다."라고 외쳐야 할 때도 있고, 자신을 사랑하지 않으면서도 "나를 사랑한다."라고 외쳐야 한다. 처음에는 자신을 속이는 것 같은 기분도 들고 이런 말들이 무슨 도움이 될까? 의심도 생긴다. 하지만 계속 반복하면 뇌는 점점 긍정의 말에 의해서 부정적인 사고를 밀어내고 긍정적인 사고로 전환하게 된다. 이런 자기암시 훈련은 매일 쉬지 않고 아침·저녁으로 하면 약 21일 정도 되면 변화를 보이기 시작한다. 물론 게으른 사람에게는 무용지물이다. 게으른 사람들은 몇 번 시도도 안 하고 "무슨 효과가 있어, 아무 효과 없는데!"라고 변명할 게 뻔하다. 매일 기도하듯이 여유를 갖고 꾸준히 실천하다가 보면 매사에 긍정의 힘을 느끼게 될 것이다. 제발 끈기 있게 실천해 보기 바란다.

누구나 알고 있듯이 성격은 하루아침에 쉽게 바뀌지 않는다. 그래서 내성적인 성격을 외향적인 성격으로 바꾼다는 것은 거의 불가능에 가깝다고 생각할 수도 있다. 하지만 자기암시의 원리를 제대로 이해하고 매일 실천에 옮긴다면 분명히 바뀔 수 있다.

만약에 '생각(thought)'과 '말(language)'이 서로 싸운다고 가정했을 때, 누가 이길 것 같은가? 머릿속 생각이 이길 것 같지만 사실은 말이 이긴다. 그 이유는 우리 뇌의 생각은 말에 의해서 쉽게 세뇌되기 때문이다. 그것이 바로 '말의 힘'이다.

말의 힘에는 크게 세 가지가 있는데, **첫 번째는 각인력(刻印力)이다.** 자신이 한 말이 머릿속에 새겨진다는 뜻이다. "아이고 죽겠네, 돈이 없어 못 살겠네, 제 명에 못 살아, 아이고 내 팔자야." 우리는 부정적인 말을 밥 먹듯이 한다. 이런 말을 하는 사람 중에 하는 일이 잘 풀리는 사람은 드물다. 미래를 예언하는 전문가가 아니더라도 평소 자주 내뱉는 말만 잘 분석해 보아도 그 사람의 미래까지도 예측할 수 있다. 절대 빈말이라도 함부로 하지 말자. 될 수 있으면 마이너스가 되는 말은 그만두고 플러스가 되는 말만 하자. 사업이 잘 안 되더라도 "사업 체질이 아닌가 봐."라고 말하기보다는 "사업은 반드시 잘될 거야."라고 외쳐 보자.

두 번째는 견인력(牽引力)이다. 말하는 대로 끌려간다는 의미를 담고 있다. 이런 말의 힘을 믿고 아침마다 꿈을 한번 외쳐 보자. 처음에는 아직 이루지 못한 꿈을 이룬 사람처럼 외치다 보면 지나친 자기 자만에 빠져 보일 수도 있다. 성공에 미쳤다고 볼 수도 있다. 하지만 너무 크게 신경 쓰지 말자. 이루고 싶은 꿈과 목표에 믿음을 갖고 살아가는 삶이 로또 맞을 확률처럼 환상을 좇는 일은 아니기 때문이다. 이처럼 자기암시로 긍정의 에너지를 만들어 낼 수 있다면 이보다도 더 효과적인 방법은 없다.

지금 당장 슬픈 노래를 한번 불러 보자. 기분 좋은 감정 상태가 우울한 기분으로 바뀐다. '장덕'이라는 여성 가수가 있었다. 이 여성이 불렀던 노래 중에 '예정된 시간을 위하여'라는 노래 가사를 보면 미래를 예언할 수 있다. "나 이제 너를 잊으려 하네. 아직 못다한 사랑을 여기에 남긴 채. 나 이제는 나의 길을 가야만 하네." 어쩌면 그 당시 자신의 우울한 감정을 노래한 가사라는 생각까지 든다. 나중에 노래 가사대로 이 여가수는 스스로 유명을 달리했는지 모른다.

상쾌한 아침을 맞이하는 요령은 간단하다. 현재의 기분 상태에 연연하지 말고 즐거운 노래 신나는 노래를 부르면 된다. 기분이 좋아서 노래를 부르는 게 아니라, 노래를 불러서 기분을 좋게 만들면 된다. 이처럼 우리 뇌는 생각보다 말의 영향을 더 강하게 받는다. 그러니 말을 함부로 해서는 절대 안 된다.

세 번째는 성취력(成就力)이다. 말한 대로 소원이 이루어진다는 의미를 내포한다. 말의 가장 큰 힘은 '말하는 대로 된다.'라는 것이다. 이해를 돕고자 직접 경험한 사례를 소개한다. 다가구 주택에 전세로 살면서 "아파트에 입주한다."라고 매일 외쳤더니, 예상 밖으로 빨리 이사를 했다. 또 토지를 매수할 때도 가진 돈은 별로 없었지만, "토지를 매수하겠다."라고 매일 주문처럼 외쳤더니 공인중개사로부터 인근 나대지를 소개받고 매수하게 되었다. 처음엔 이런 현실이 믿기지 않았지만 많은 일이 소원대로 이루어졌다. 이제 과거 경험을 통해 믿음이 확신으로 바뀌었다. 아침마다 원하는 목표를 계속 외치고 있다. 당신도 원하는 꿈과 목표가 있다면 주저하지 말고 큰소리로 외쳐 보자. 양자역학 원리대로 원하는 목표가 끌림(attraction) 현상에 의해서 소원이 이루어질지 그 누가 알겠는가.

자기암시를 매일 실천하는 사람 중에는 웅진 그룹의 윤석금 회장도 있다. 그는 매일 아침 자신만의 사명 선언문을 읽는 것으로 하루를 시작한다.

"나는 자랑스러운 나를 만들 것이며, 항상 배우는 사람으로서 더 큰 사람이 될 것이다. 나는 늘 시작하는 사람으로서 새롭게 일할 것이며, 어떤 일도 포기하지 않고 끝까지 성공시킬 것이다."

이처럼 말은 '마음의 심부름꾼'이다. 그 사람의 말을 잘 경청해 보면 큰 꿈을 가진 사람인지 목표가 명확한지 금방 알 수 있다.

누구든지 긍정적인 말을 매일 큰소리로 외친다면 원하는 꿈과 목표를 더 쉽게 이룰 수 있고, 기분 좋은 나날들을 보낼 수 있을 것이라 확신한다. 사람의 성격을 변화시키는 방법에는 다양하게 있지만, 그중에서 가장 빠른 것은 바로 '부정적인 말투'부터 없애는 것이다. 평소 사용하는 말투를 바꾸면 한 사람의 인생이 완전히 새롭게 바뀐다. 말의 힘이 얼마나 대단한지 군대를 다녀온 사람이라면 쉽게 경험할 수 있다.

인생의 목적을 달성하는 자기 확언 40가지

1. 나는 긍정적인 사람이다.
2. 나는 의미와 가치를 추구하는 사람이다.
3. 나는 목적이 뚜렷한 사람이다.
4. 나는 도전적인 사람이다.
5. 나는 이타심을 가진 사람이다.
6. 나는 자존감이 높은 사람이다.
7. 나는 개념 있는 사람이다.
8. 나는 지혜로운 사람이다.
9. 나는 금융 지식이 풍부한 사람이다.
10. 나는 집중과 몰입을 잘하는 사람이다.
11. 나는 성장을 추구하는 사람이다.
12. 나는 절제하는 사람이다.
13. 나는 정직한 사람이다.
14. 나는 부지런한 사람이다.
15. 나는 과정 지향적인 사람이다.
16. 나는 뛰어난 잠재능력의 소유자이다.
17. 나는 계획적인 사람이다.
18. 나는 규칙적인 사람이다.
19. 나는 두려움과 공포를 잘 다스리는 사람이다.
20. 나는 리스크(Risk)가 있어도 도전하는 사람이다.

21. 나는 현재에 집중하는 사람이다.
22. 나는 자기 계발에 시간 투자를 하는 사람이다.
23. 나는 억지로 실천하는 사람이다.
24. 나는 실패를 하더라도 다시 도전하는 사람이다.
25. 나는 칭찬을 많이 하는 사람이다.
26. 나는 자기 확언을 하는 사람이다.
27. 나는 마음 넓은 사람이다.
28. 나는 신뢰할 수 있는 사람이다.
29. 나는 인맥이 좋은 사람이다.
30. 나는 환경이 깨끗한 사람이다.
31. 나는 꾸준히 운동하는 사람이다.
32. 나는 장기간의 성과에 집중하는 사람이다.
33. 나는 저축하는 사람이다.
34. 나는 이성적인 사고를 하는 사람이다.
35. 나는 문제를 잘 해결하는 사람이다.
36. 나는 모든 일에 책임을 지는 사람이다.
37. 나는 언행일치하는 사람이다.
38. 나는 끈기 있는 사람이다.
39. 나는 매사에 감사하는 사람이다.
40. 나는 소통을 잘하는 사람이다.

셀프리더십 구호

1. 자신감 향상 구호

나는 내가 좋다!/ 나는 내가 좋다!/ 아무 조건 없이/ 나는 내가 좋다!/ 내가 나를 우습게 보면/ 남도 나를 우습게 본다고 했다!/ 더 이상 나를 우습게 보지 않을 것이다!/ 왜냐하면 나는 이 세상에서/ 단 하나뿐인/ 가장 소중한 사람이니까./ 아자! 아자! 파이팅!/

2. 꿈과 목표 구호

나에게는 꿈이 있다./ 아침마다 가슴을 설레게 하는/ 꿈이 있다./ 나는 그 꿈을 향해/ 매일 멈추지 않고 도전할 것이다./ 실패를 하더라도 포기하지 않고/ 끝까지 도전할 것이다./ 나는 넘어져도/ 꿈을 향해 넘어질 것이다./ 그리고 다시 일어나서 그 꿈을 향해 달려갈 것이다./ 어느 누가 뭐라고 해도/ 반드시 내가 원하는 꿈을 이루고 말 것이다./ 아자! 아자! 파이팅!/

3. 자기 관리 구호

내가 나를 관리하지 않으면/ 남이 나를 관리할지 모른다./ 나는 할 일을 미루지 않고 실천할 것이다./ 하고 싶은 마음이 생길 때까지 기다리지 않고/ 계획을 세웠으면 실천에 옮길 것이다./ 나는 절제력을 키워서/ 마시멜로의 유혹을 이겨낼 것이다./ 이런 유혹을 이겨내지 못한다면 내가 원하는 인생을 살지 못하기 때문이다./ 아자! 아자! 파이팅!/

4. 대중 스피치 구호

나는 대중 앞에서 당당하게 나의 주장을 펼칠 것이다./ 청중을 의식해서 부끄러워하는 연사가 되지 않을 것이다./ 내가 하고 싶은 말을 논리 정연하게 말하고 내려올 것이다./ 말은 그 사람의 인격을 나타낸다고 했다./ 오늘부터 바른 말 고운 말을 사용하여/ 인성을 갖춘 연사가 될 것이다./ 아자! 아자! 파이팅!/

5. 성공 습관 구호

성공은 좋은 습관에서 만들어진다./ 나는 오늘부터 성공한 인물들의 생활 습관을 그대로 따라 할 것이다./ 성공은 꿈꾸는 자의 몫이라고 했다./ 내가 원하는 꿈을 매일 생각하고/ 말하고/ 적어 보는 사람이 될 것이다./ 나는 성공해서/ 나 혼자 잘 먹고/ 잘 사는 사람이 아니라/ 더불어 잘 사는 사람이 될 것이다./ 왜냐하면 성공해서 남을 위해 봉사하는 사람이/ 가장 행복한 사람이기 때문이다./ 아자! 아자! 파이팅!/

6. 인간관계 구호

나는 주변 사람들에게/ 내가 먼저 관심을 보이고 다가가며,/ 내가 먼저 공감하고 맞장구치고/ 내가 먼저 배려하는 사람이 될 것이다./ 나는 더 많은 사람들에게 사랑을 베풀고 나누고 나서도/ 기대하는 마음을 가지지 않을 것이다./ 왜냐하면 기대하는 마음이 크면/ 서운함이 밀려들기 때문이다./ 나는 오늘부터 넓은 마음으로/ 타인을 더 이해하고/ 존중하는 마음을 가질 것이다./ 그래야 귀인을 만날 수 있기 때문이다./ 아자! 아자! 파이팅!/

7. 창의성 구호

나는 천재다! 나는 천재다!/ 내 머릿속에는 숨겨진 잠재 능력이 있기 때문이다./ 나는 이 잠재 능력을 끄집어내기 위해/ 매일 집중! 반복! 끈기! 있게 행동할 것이다./ 나는 메모하는 습관을 실천할 것이다./ 메모하는 습관을 통해/ 머릿속에 있는 암묵지를 형식지로 만들어/ 내 능력을 보여 줄 것이다./ 아자! 아자! 파이팅!/

인성 리더십 구호

1. 긍정의 힘!

오늘부터 나는/ 긍정적인 생각으로/ 나의 운명을 개척해 나아갈 것이다./ 긍정은 천하를 얻고/ 부정은 깡통을 찬다고 했다./ 오늘부터 부정적인 사고에서 벗어나/ 긍정적인 사고로 전환할 것이다./ 남들이 나를 험담하고 비난하여도/ 한 귀로 듣고/ 한 귀로 흘려버릴 것이다./ 부정적인 사고로/ 성공한 사람은/ 이 세상에 단 한 사람도 없다./ 어떤 시련과 역경이 닥치더라도/ 긍정의 힘으로/ 다시 일어나서 도전하는 사람이 될 것이다./ 스스로 포기하지 않는 이상은/ 절대로 실패한 인생이 아니기 때문이다./ 아자! 아자! 파이팅!

2. 소통의 힘!

소통하지 않으면/ 고통이 따른다고 했다./ 이제부터 나와 다른 성격 유형들과도/ 쉽게 소통할 수 있는/ 마음 넓은 사람이 될 것이다./ 우리의 몸은 피가 순환하지 않으면/ 생존할 수 없듯이/ 조직도 소통하지 않으면/ 더 이상 생존할 수 없다./ 이제부터 건성으로 말을 하지 않고/ 오직 정성을 다해 소통할 것이다./ 나와 코드가 맞는 사람만 어울리지 않고/ 전혀 다른 성격 유형의 사람들과도 소통을 이어갈 것이다./ 왜냐하면 나는 예전처럼 속 좁은 소심한 성격이 아니라/ 활발한 외향적인 성격으로 변했기 때문이다./ 아자! 아자! 파이팅!

3. 칭찬의 힘!

칭찬은/ 낯선 사람의 마음의 문을 여는/ 열쇠라고 했다./

남들이 나를 칭찬하기를 기대하지 않고/ 내가 먼저 다가가서/ 칭찬하는 사람이 될 것이다./ 칭찬은 숨겨진 잠재 능력을 깨울 수 있다고 했다./ 내가 먼저 관심을 갖고 다가가서/ 칭찬으로 상대방의 숨겨진 끼와 재능을 깨워주는/ 인물이 될 것이다./ 칭찬을 통하여/ 게으른 습관을/ 부지런한 습관으로 바꿀 수 있도록/ 힘을 불어넣을 것이다./ 아자! 아자! 파이팅!

4. 행복의 힘!

행복은 미래에 있는 것이 아니라/ 지금 이 순간에 존재한다./ 감사하는 마음으로 매일 행복을 느낄 것이다./ 이기심보다는 이타심을 갖고/ 주변 사람들에게 행복을 선물할 것이다./ 마음속에 미워하는 사람을 용서하고/ 행복한 기분을 느끼며 살아갈 것이다./ 한 곳에 몰입을 해서/ 시간 가는 줄 모르고 행복을 느낄 것이다./ 미래의 두려움은/ 성실함으로 이겨낼 것이다./ 더 이상 지금의 행복을/ 미래의 시점에 두고/ 내일을 기대하는/ 어리석은 이가 되지 않을 것이다./ 아자! 아자! 파이팅!

5. 절제의 힘!

유혹을 참지 못하면/ 내가 원하는 꿈은 이룰 수 없다./ 하루빨리 게으름에서 벗어나/ 더 큰 목표를 향해 도전할 것이다./ 절제력은 지식의 양과 비례하기 때문에/ 배움을 통해서 키울 것이다./ 절제는 순간의 유혹을 참아낼 때 생겨나는 좋은 습관이다./ 지금 당장 달콤한 유혹을 이겨내고/ 나에게 더 큰 보상을 선물할 것이다./ 많은 사람들이 꿈을 못 이루는 이유는/ 꿈이 없기 때문이 아니라/ 유혹 참기에 실패했기 때문이다./ 이제부터 나는/ 그 어떤 유혹이든/ 참고 이겨내어서/ 절제력을 키울 것이다./ 아자! 아자! 파이팅!/

6. 유머의 힘!

유머 있는 사람은/ 매일 아침 행복을 선물하는 사람이다./ 웃을 일이 있어서 웃는 것이 아니라,/ 웃기 때문에/ 웃을 일이 생긴다./ 매일 나를 만나는 모든 사람들에게/ 웃음의 기부 천사가 될 것이다./ 유머는 타고나는 것이 아니라/ 노력에 의해서 창조된다./ 유머 감각이 없는 사람은/ 스프링 없는 마차를 타고 자갈밭을 가는 것과 같다./ 오늘부터 나는 여유도 없이 바쁘게만 살아가는 사람들에게/ 하루 스트레스를 날려버릴 수 있는 유머를 선물할 것이다./ 웃자! 웃자!/ 웃음은 돈 안 드는 최고의 보약이다./ 아자! 아자! 파이팅!

7. 정직의 힘

나는 정직한 사람이다./ 나는 윤리적으로 문제가 없는 사람이다./ 남을 속일 수 있어도/ 자신을 속일 수 있는 사람은 없다./ 윤리적으로 어긋난 행동을 한다면/ 아무도 나를 존경하지 않을 것이다./ 사람이 태어나서 죽을 때까지/ 잊지 않고 살아가야 할 덕목이 있다면 그것은 바로'정직'이다./ 정직을 생명으로 삼고/ 실천력을 발휘한다면/ 시작은 작고 보잘것 없어도/ 끝은 언제나 존경받는 인물이 되어 있을 것이다./ 아자! 아자! 파이팅!

■ 의식 수준의 변화

말은 의식 수준에 따라서 결정된다. 말이 험하면 생각이 부정적이고 의식 수준이 낮고, 말이 바르면 생각은 긍정적이고 의식 수준이 높다. 이런 의식 수준을 연구한 사람은 데이비드 홉킨스 박사이다. 그의 연구에 따르면 의식 수준에 따라서 감정과 행동이 달라지기 때문에 의식 수준을 높여야 한다는 주장이다.

호킨스 박사의 '의식 지도'

Map of Consciousness

Lux	의식 수준	감정/행동
700~1000	깨달음(Enlightenment)	순수의식, 언어 이전
600	평화(Peace)	지복, 축복, 빛, 하나 됨
540	기쁨(Joy)	감사, 고요함, 완벽함
500	사랑(Love)	경외, 존경, 행복, 친절
400	이성(Reason)	이해, 현명, 통찰
350	포용(Acceptance)	용서, 너그러움, 조화, 책임감
310	자발성(Willingness)	낙관, 희망, 적극, 우호
250	중용(Neutrality)	신뢰, 만족, 유연함, 자유
200	용기(Courage)	긍정, 자신감, 의욕
175	자존심(Pride)	경멸, 자만, 우월감, 자부심
150	분노(Anger)	미움, 적대감, 복수심, 공격성
125	욕망(Desire)	탐욕, 집착, 실망
100	두려움(Fear)	근심, 불안, 긴장, 의심
75	슬픔(Grief)	후회, 낙담, 비탄, 외로움
50	무기력(Apathy)	절망, 무감정, 희망 없음, 포기
30	죄책감(Guilt)	비난, 자책, 분개
20	수치심(Shame)	굴욕, 비참, 멸시, 잔인

자료: David Hawkins, Power vs. Force

이처럼 말을 함부로 하는 사람은 인생의 밭에 불행의 씨앗을 심는 것과 같다. 말이 험하면 잘 풀릴 일도 꼬이기 쉽다. 그렇다면 의식 수준을 가장 높이는 방법은 무엇이 있을까?

절대 욕하지 않는다. 사람의 의식 수준은 평소 말투를 보면 알 수 있다. 철없던 학창시절에 또래 친구들과 어울리면서 강한 이미지를 형성하는 방어 수단으로 사용했을지 몰라도 절대 해서는 안 된다. 사소한 말다툼도 가볍게 끝날 일이 험한 말이 오고 가는 순간 걷잡을 수 없이 커진다. 친구 사이에도 술 먹다가 칼부림으로 분위기가 바뀌는 순간은 서로 해서는 안 될 말이 오고 갔기 때문이다. 지금까지 살아온 인생이 왠지 계속 꼬이고 원하는 대로 잘 풀리지 않는다면 말투부터 점검해 보자. 남을 험담하거나 스스로 비하는 말을 자주 내뱉고 있을 것이다. 이제 자신의 숨겨진 잠재 능력의 가능성을 믿고 자기 대화를 통해 무의식에 긍정을 불어넣자.

좋은 광경만 본다. 눈으로 보는 것은 인풋이다. 이에 반해 말과 글쓰기는 아웃풋이다. '넣어 주지 않으면 나올 게 없다.'라는 말처럼 좋은 내용이 들어와야 좋은 말과 글이 나온다. 어떻게 보면 의식 수준을 높이는 방법은 아주 간단하다. 좋은 광경만 볼 수 있도록 의도적으로 만들어야 한다. 하지만 사람은 본능적으로 타인의 행복한 삶에 관심을 보이기보다는 불행한 삶에 더 집중한다. 이슈화된 뉴스를 많이 보는 사람이 긍정적으로 말하는 경우는 드물다. 좋은 환경에 노출되어 있는지 유튜브 알고리즘만 조사해 봐도 가늠할 수 있다. 시청 시간이나 특정 검색하는 단어에 맞춰서 자동으로 사용자에게 보여 주기 때문이다. 요즈음 유튜브 쇼츠 영상은 아주 자극적인 내용이 많다. 단 3분 만에 시청자의 마음을 사로잡아야 하기에 더욱더 자극적인 언행을 일삼기 쉽다. 이런 자극적인 영상에 많이 노출되면 자연스럽게 부정적인 의식 수준으로 사고할 수밖에 없다.

긍정적인 인맥을 만든다. 앞으로 더 훌륭한 사람을 아무도 만나지 않는다면 5년 후에도 지금과 똑같은 사람으로 살아갈지 모른다. 사람의 의식 수준은 인맥을 통해서 많은 영향을 주고받는다. 의식 수준에 맞게 서로 어울리기 때문이다. 똑같이 사업에 실패하더라도 다시 일어서는 사람이 있고 금방 포기하는 사람이 있다. 어떤 사람들과 어울리고 싶은가. 실패는 누구나 할 수 있다. 실패가 무서워 도전을 못 하는 사람을 친구로 삼고 싶지는 않을 것이다. '넘어지지 않으려고 애쓰지 마라. 넘어져도 다시 일어서면 그만이다.' 이런 마음가짐과 태도를 갖춘 사람은 분명 안전지대에서 머물지 않고 성장 지대의 삶을 추구하기에 하루도 빠짐없이 자기 계발에 소홀히 하지 않는다.

좋은 책을 읽는다. 책은 거짓말을 하지 않는다. 평소 어떤 책을 가까이하느냐에 따라서 사람의 의식 수준을 알 수 있기 때문이다. 그렇다면 어떤 책을 읽어야 의식 수준을 높일 수 있을까? 바로 자기 계발서이다. 이런 책을 읽으면 사람을 동기부여 시켜서 뭐든지 도전하게 만들기 때문이다. 성공 사례, 긍정적인 사고, 실패를 극복한 이야기 등을 통해 독자에게 용기와 영감을 심어준다. 자기 계발서를 통해서 실패 사례를 알게 되면 긍정적인 정서가 형성된다. 그 이유는 다른 사람의 실패담을 통해 위로받을 때가 많기 때문이다. 책을 통해 이런 간접 경험이 없으면 인생의 모든 힘듦은 나 혼자만 겪는 고통으로 간주하기 쉽다. 하지만 책을 통해 알게 된다. 모든 성공 뒤에는 뼈아픈 과거와 고통의 순간이 있었다는 걸 깨닫게 된다. 결국, 이런 간접 사례들이 지식으로 쌓이면 작은 일에서 짜증을 내는 일이 없어지고, 소극적인 태도에서 벗어나 의식 수준까지 향상된다.

STEP
04

환경의 힘

"게으름을 탓하지 말고, 환경 변화의 실패를 탓해라."

– 김상언

난세에 영웅이 난다. 요즈음 시대엔 왜 이순신 장군이 없는 것일까? 그 이유는 아주 간단하다. 왜적의 침입이 없기 때문이다. 성공에는 역경과 시련이 필수 요소다. 스스로 고난의 환경 속으로 자처해서 들어가야 한다. 쉬운 길만을 선택하면 절대 영웅이 될 수 없다. 가던 길이 없다고 고민하고 있는가. 이제 고민은 그만하고 새로운 길을 개척하는 사람이 되자. 기존에 없는 새로운 길을 개척하면 존경받는 인물이 된다. 그 분야에 전문가로 활약하게 된다.

만약 누군가가 남들과 똑같은 인생의 길을 안내한다면 주저 말고 거부해야 한다. 성공의 노하우를 벤치마킹할 수 있을지 몰라도 남들과 똑같은 인생은 재미가 없다. 남다른 삶을 원한다면 큰 꿈을 꾸고 난세로 환경을 설정해야 한다. 과거에도 그랬고 지금도 그런 것처럼 성공한 사람들은 실패의 관문을 통과했다. 이들은 결점이나 콤플렉스가 있었지만 연연하지 않고 도전해서 목적을 달성했다.

농구 천재인 마이클 조던은 고등학교 때 후보 선수로 전전하다 퇴출당했으며, 디즈니랜드의 월트 디즈니는 다섯 번이나 파산을 한 적이 있다. 이밖에도 뿌리의 저자 알렉스 헤일리는 책을 내기 위해 출판사를 4년이나 찾아다녔다. 그리고 내 영혼의 닭고기 수프의 저자 잭 캔 필드는 33개의 출판사로부터 퇴짜를 당했으며, 다이아나로스는 9집 앨범이 나오기까지 히트작을 하나도 못 냈다. 결국 성공이란 '어떤 어려운 역경에 처하더라도 포기하지 않고 끝까지 물고 늘어지는 자의 프리미엄'이라는 것이다.

조류 중에서 시련을 이겨 내고 다른 새보다 더 오래 사는 새가 있다. 바로 솔개이다. 이 새는 약 70년의 수명을 누릴 수 있다. 이 새가 장수하기 위해서는 약 40년이 되었을 때 매우 고통스럽고 중요한 결심을 해야만 한다. 솔개는 약 40년이 되면 발톱이 노화하여 사냥감을 효과적으로 잡아챌 수 없게 된다. 부리도 길게 자라고 구부러져 가슴에 닿을 정도가 되고, 깃털이 짙고 두껍게 자라 날개가 매우 무겁게 되어 하늘로 날아오르기가 나날이 힘들게 된다. 이때 솔개는 두 가지 선택의 갈림길에 서게 된다. 그대로 죽을 날을 기다리든가 아니면 약 반년에 걸친 매우 고통스러운 갱생 과정을 수행하는 것이다. 갱생의 길을 선택한 솔개는 먼저 산 정상 부근으로 높이 날아올라 그곳에 둥지를 짓고 머물며 수행을 시작한다.

먼저 부리로 바위를 쪼아서 빠지게 한다. 그러면 서서히 새로운 부리가 생성된다. 그런 후 새로 돋은 부리로 발톱을 하나하나 뽑아낸다. 그리고 새로 발톱이 돋아나면 이번에는 날개의 깃털을 하나하나 뽑아낸다.

이리하여 약 반년이 지나면 새 깃털이 돋아난 솔개는 완전히 새로운 모습으로 변신하게 된다. 그리고 다시 힘차게 하늘로 날아올라 30년의 수명을 더 누리게 된다.

사람도 이와 마찬가지다. 성공의 지름길은 아주 간단하다. 지금보다 더 고통스러운 상황으로 내몰기만 하면 변화가 일어나기 시작한다. 난세의 환경은 중요하다. 게으름을 뿌리 뽑을 수 있는 가장 좋은 방법이기 때문이다.

누구나 하루 끼니를 걱정해야 하는 상황으로 내몰리게 되면 주변 사람들의 따가운 시선에도 불구하고 호떡을 팔 수 있는 용기가 생긴다.

몸무게가 많이 나간다고 고민하고 있다면 좋은 환경은 어디라고 보는가? 바로 날씬한 사람들이 많이 모인 장소다. 체중 감량에 도전해서 성공한 사람들의 모임이 가장 적합한 환경이다.

난세의 환경에 놓여 있다 해서 삶을 비관하면 안 된다. 주변 환경을 탓하지 말고 이것을 기회로 볼 줄 알아야 한다. 모든 상황을 어떻게 받아들이고 대응하느냐에 따라서 미래는 180° 완전히 다른 삶을 살게 되기 때문이다.

많은 사람이 성공을 갈망한다. 하지만 여전히 소수의 사람만이 뜻을 이룬다. 그 이유는 환경 설정의 실패이다. 대부분은 의지력으로 환경을 이길 수 있다고 착각한다.

요리하는 사람들을 가까이하면 요리사가 되든지 아니면 요리를 잘하게 된다. 의사 집안에서 성장한 아이가 의사가 될 확률이 높다. 이것은 무엇을 의미하는 것일까? 바로 환경에 많은 영향을 받는다는 것이다.

부자가 되는 것도 마찬가지다. 부자가 될 수 있는 환경이 뒷받침되어 있어야 한다. 학창 시절 공부를 못하던 친구가 갑자기 장학금을 받거나 잘하는 경우가 있다. 그 이유는 주변 환경이 달라지거나 만나는 친구가 달라졌기 때문이다. 학업 환경이 안 되거나 성적이 낮은 친구들과 어울려 놀면서 성적이 우수한 경우를 본 적이 없다.

지금이라도 망설이지 말고 간절히 원하는 꿈과 목표가 있다면 환경부터 구축해 보자. '말은 제주도로 보내고, 사람은 서울로 보내야 한다.'라는 말이 있다. 아프리카에 가서 부자가 되겠다고 도전하는 것보다 세계 선진국에 신출하는 것이 훨씬 더 성공할 확률이 높다.

우리나라에서 2002년 월드컵 경기를 치르고 나서 수많은 축구 스타가 배출되었다. 만약 월드컵이 우리나라에서 치러지지 않았다면 이런 대스타는 탄생하지 못했다. 주변 환경이 잠재 능력을 끄집어낼 수 있느냐 없느냐를 결정한다. 마음먹은 대로 잘되지 않는다고 자신을 탓하고 남을 탓하기 이전에 먼저 주변 환경부터 점검해야 한다.

저녁 9시 TV 뉴스에 어떤 실업자가 아기 분유 값이 없어서 도둑질하다가 잡힌 일이 방송에 나왔다. 그 실업자가 경찰에 붙잡히고 나서 말하기를 "도둑질은 나쁜 행동인 줄 알았지만 배고파서 울고 있는 아기를 두고 볼 수 없어서 도둑질을 결심했다."라는 말을 남겼다. 만약에 누군가가 이 집 아이의 분유 값을 빌려주었더라면 상황은 크게 달라질 수 있었다. 또한 어렵고 열악한 가정환경에 자라나는 청소년을 사회에서 돌봐야 하는 이유도 분명해졌다. 나쁜 길로 빠지지 않도록 사회에서 조금만 뒷받침해 주면 정신 차리고 다시 재기할 청소년이 많기 때문이다.

새해가 되면 많은 목표를 세운다. 체중 감량을 위해 운동 계획을 세우고, 지각하지 않겠다고 다짐하고, 매일 독서를 하겠다는 의지로 책을 사고, 영어 회화를 잘하겠다는 다짐을 한다. 하지만 매번 생각대로 잘되지 않는다. 왜 이렇게 계속 계획만 무성하고 의지대로 안 되는 것일까? 그 해답은 아주 간단하다.

'당신이 세운 목표가 해도 되고 안 해도 되는 상황이기 때문이다.'

누구나 해야만 하는 상황으로 내몰리게 되면 하게 되어 있다. 이처럼 게으름을 이길 수 있는 좋은 비결은 **'목표를 세워서 실천하지 않으면 안 되는 상황으로 내몰 수 있는 환경으로 바꾸면 된다.'**

하루하루 끼니를 걱정하는 사람이 있다고 가정해 보자. 막노동을 새벽 5시에 일어나서 출발해야 한다면 그 시간에 눈이 떠진다. 이 책을 집필하면서도 환경 설정을 해 보았다. 8월 말까지 모든 책 내용을 마무리 짓겠다고 공개적으로 선언한 것이다. 만약 이런 선언으로 환경 설정을 하지 않았다면 대학교 수업 준비 핑계나 독서 핑계 대면서 또 미뤘을 것이다.

이렇게 주변 사람들에게 목표를 선언하거나 공유한다면 훨씬 더 빠르게 게으름에서 탈출을 할 수 있다. 이루고 싶은 목표가 있거나 도전할 목표가 있다면 주저하지 않고 주변 사람들에게 알리면 실행에 옮길 수 있는 여건이 조성된다. 나는 이루고 싶은 꿈을 매일 상기시키기 위해 머리 감을 때 선언한다.

"TV에 출연하는 명강사가 될 것이다. 10층 500평 빌딩을 세울 것이다. 100권의 책을 집필하여 10권의 베스트 셀러 작가가 될 것이다. 세계 최고의 대중 연설가가 될 것이다. 100억을 벌어서 10억을 기부할 것이다."

누가 들으면 말도 안 되는 헛소리로 들릴지 모른다. 하지만 스스로 믿고 있다. 자신과 싸움에서 이기고 있기에 더더욱 이런 꿈들이 이루어질 거라 확신한다. 사실 처음에는 이런 꿈들을 공개하는 게 쉽지 않았다. 하지만 이런 꿈을 많은 사람에게 선언하면 할수록 이와 연관된 일을 하게 되고 더 도전하고 싶은 의지도 생긴다는 것을 알게 되었다. 꿈을 그냥 꿈 기록장에 적어 두는 것보다는 공개적으로 선언하면 책임감이라는 추가 달려 실천력을 훨씬 더 높일 수 있다.

OUTPUT 단계

PART 4

홍보 전략
어떻게 나를 알릴 것인가?

"나의 몸값은 홍보한 만큼의 가치다."
– 김상언

STEP 01

스피치 전략

'말을 잘하기 때문에 무대에 선 게 아니라, 무대에 섰기 때문에 말을 잘하게 된 것이다.'

–김상언

"전 세계에서 가장 좋은 대학은 어디라고 생각하는가?"

"하버드대, 옥스퍼드대, 서울대, 고려대"

"아니다. 모두 틀렸다."

"전 세계에서 가장 좋은 대학교는 '들이대'이다."

왜 사람들은 대중 앞에 서면 긴장하고 떨리는 걸까? 대부분은 소심한 성격 탓을 하면서 남들 앞에 서는 것을 두려워한다. '타고난 성격이기에 바꿀 수 없다.'라고 생각한다. 물론 낯선 청중 앞에 서서 말하는 것이 쉬운 일은 아니다. 하지만 이제 당당하게 서야 한다. 그 이유는 주변 사람들에게 알릴 수 있는 가장 좋은 수단이고, 끼와 능력을 보여 줄 수 있는 장소가 무대이기 때문이다.

토머스 칼라일은 "세상을 설득하는 자가 세상을 다스린다."라며 말의 중요성을 강조했다. 피터 드러커도 "인간에게 있어서 가장 중요한 능력은 자기 표현력이며, 현대 경영은 말에 의해 좌우된다."라고 주장했다.

아직도 말을 잘못한다는 이유로 대중 앞에 서는 것을 피하고 무대 앞에 서는 것을 포기할 것인가? 이제 용기 내어 떨림을 극복하고 숨은 끼와 능력을 발휘하자. 자아 정체성을 확립하고, 개인 브랜드를 구축하는 방법으로 대중 앞에 서는 것만큼 좋은 수단도 없다.

타고난 능력의 소유자라도 보여 주지 못하면 그 가치는 무용지물이다. '대중 공포를 극복하지 못하면 평생 남 밑에 일할 팔자다.'라는 말이 있다. 이 말처럼 평생 남 밑에 일하고 싶은 사람은 없다. 이제 대중 공포

대중 공포의 원인	Yes	No
① 소심한 성격		
② 타인 의식		
③ 경험 부족		
④ 전문 지식 부족		
⑤ 실패의 공포		
⑥ 충격적인 경험		
⑦ 준비 부족		
⑧ 단점 집중		
⑨ 자존감 부족		
⑩ 완벽주의 사고		
⑪ 평가의 두려움		
⑫ 부담스러운 청중		
⑬ 시선 공포		
⑭ 발음·발성 부족		

를 극복하여 갈고닦은 실력을 발휘할 수 있는 사람이 되자. 대중 공포에 대한 증상은 사람마다 다양하지만, 그 원인을 정확하게 분석하면 해결책을 쉽게 찾을 수 있다.

■ 대중 스피치를 잘해야 하는 이유?

대중 앞에서 말 한마디 못하는 사람이 당당하게 자기주장을 펼치는 걸 본 적이 있는가? 1:1로 말할 때는 별로 어려움이 없겠지만 대중 앞에서 논리 정연하게 말하기란 쉬운 일은 아니다. 대중이 부담스러워 지레 겁을 먹고 피할 필요는 없다. 다른 사람들도 해냈다면 당신도 할 수 있기 때문이다. 말하는 기술과 논리 정연하게 말하는 방법을 배우면 누구나 할 수 있기 때문이다. 지금까지 무조건 남의 의견에 순종하고 자기주장 한번 펼치지 못하고 살아왔다면 이번을 계기로 자신 있게 도전해 보자.

말을 잘한다는 의미는 주어진 시간 안에 하고 싶은 말을 논리 정연하게 하는 사람이다. 군더더기 없이 필요한 말을 적재적소에 하는 사람을 지칭한다. 적어도 말을 하기 전에는 '무슨 내용을 전달할지?' 목적성이 명확해야 하고, 말하는 도중에는 '무슨 말을 하고 있는지?' 정확한 순서를 알고 있어야 하며, 말이 끝나고 나서는 '무슨 말을 했는지?' 내용이 떠올라야 한다.

대부분 '말을 잘하는 사람은 타고 난다.'라고 생각하기 쉽다. 물론 선천적으로 타고난 경우도 있다. 하지만 타고난 사람보다 부단한 노력으로 말을 잘하는 경우가 더 많다.

그렇다면 대중 앞에서 말을 잘해야 하는 이유는 무엇일까?

숨겨진 끼와 재능을 발휘하기 위함이다. 인체의 눈과 귀는 인풋의 기능이라면 입은 아웃풋의 기능이다. 뭐든지 넣어 주면 나오게 된다. 하지만 아쉽게도 우리나라 교육 현실은 인풋을 위한 학습 시간은 많지만, 아웃풋을 위한 글쓰기와 말하기 시간이 턱없이 부족하다. 단지 시험으로 우수한 성적을 받으면 실력자가 된 줄 알고 있다.

인지도를 높이는 마케팅 수단이다. 대중 스피치는 개인 브랜드를 구축하는 좋은 수단이다. 사람은 본능적으로 자신의 이름을 후세에 남기고 싶어 한다. 이름을 알리는 방법은 많지만, 언론이나 대중 앞에서 자신을 알리는 것만큼 좋은 수단도 없다. 과거처럼 성실하다고 인정받거나, 착하다고 인정해 주는 시대는 지나갔다. 이제는 성실함을 넘어서서 자기 주관이 뚜렷해야 한다. 개성을 살려 숨은 끼와 재능을 보여줄 수 있어야 한다. 억지로 등 떠밀어야 남들 앞에 마지못해 서는 그런 겸손한 태도는 이제 시대착오적인 행동이다. 이런 소극적인 태도는 자신만의 차별화된 브랜드도 구축하지 못한다. 소리소문없이 조용히 살다 갈 수밖에 없다. 누구 하나 이름조차 기억하지 못하는 무명인으로 살다가 간다.

몸값을 높일 수 있는 수단이다. 옛말에 '말 잘하는 사람은 어디를 가더라도 밥은 굶지 않는다.'라는 말이 있다. 요즘 같은 세상은 누군가가 알아서 챙겨주는 게 아니라 요구하는 것만 준다. 이제 무조건 기다린다고 능사는 아니다. 스스로 맡은 일에 성실히 임하고 또한 그에 걸맞게 보상도 요구해야 한다. 회사 사장이 알아서 월급을 올려 주지 않는다. 아직도 그런 착각 속에 살고 있다면 이번 기회에 정신 똑바로 차리자. 이제부터 맡은 직무에 맞게 실력을 쌓고 성과를 달성한 이후에 월급 인상을 요구할 수 있는 용기 있는 사람이 되자.

■ 대중 스피치를 배우는 순서

다양한 모임에 나가서 활동하다가 보면 대중 앞에 말할 기회는 생기기 마련이다. 하지만 막상 말할 기회가 주어져도 명확한 주제가 없으면 무슨 말을 해야 할지 몰라 어려움을 겪는다. 이처럼 뚜렷한 주제를 선정하여 준비된 원고로 다양한 장소에서 실전 경험을 해야지 실력이 향상된다. 하지만 대부분은 이런 과정을 생략한다. 유명 강사가 TV에 출연해서 청산유수처럼 말하는 것만 보고 타고난 말재주를 가진 사람으로 착각한다. 이는 하루아침에 쌓은 실력이 아니라 피나는 노력의 결실이라는 것을 기억해야 한다.

대부분 준비도 없이 연단에 서서 대중 공포를 호소한다. 즉흥적으로 무대 경험을 하는데 공포증이 생기지 않는 게 이상하다. 이런 방식으로 무대에 서면 평생 무대 공포증에서 벗어나기 힘들다. 그렇다면 어떻게 해야 대중 앞에서 논리 정연하게 말하고 당당하게 설 수 있을까? 그 방법은 준비된 원고로 실전 경험을 쌓는 방법밖에 없다. 그럼 지금부터 가장 쉽게 대중 스피치를 배우는 순서에 대해서 알아보자.

Step 1. 주제 선정하기

주제가 명확하지 않으면 우왕좌왕하다가 끝낼 수밖에 없다. 처음부터 어려운 주제를 선정하여 횡설수설하지 말고 쉬운 것부터 선정하자. 주제는 청중의 관심 분야라면 더없이 좋겠지만 초보 단계에서는 본인의 관심 분야와 직접 경험한 내용을 토대로 말을 시작해 보자.

Step 2. 자료 수집

주제와 관련된 자료를 수집하여 지식을 쌓아야 한다. 대중 앞에 말을 잘하고 싶으면 청중보다 수준 높은 전문 지식이 필요하다. 대중 스피치는 청중을 설득하는 과정이기에 폭넓은 경험과 다양한 사례를 알고 있어야 말하기 편하다. 요즈음 SNS 발달로 정보 홍수의 시대라고 한다. 이제는 주제와 관련된 자료를 쉽게 찾을 수 있다. 하지만 유용한 정보를 찾는 가장 손쉬운 방법은 목적성 있는 독서 습관이라는 것을 절대 잊지 말자.

Step 3. 낭독 스피치

낭독 스피치를 하는 이유는 주제에 관한 어휘력을 늘리기 위해서다. 어휘력이 부족하면 말이 어눌하고 단조로울 수밖에 없다. 낭독 훈련은 책 읽듯이 단조롭게 하면 안 된다. 대화체 형식으로 말하듯이 부드럽게 해야 한다. 강조 구문을 살려서 핵심 내용에 강약을 주면서 말하면 된다. 템포를 살리기 위해서는 빠르기와 천천히를 번갈아 말하면 단조로움에서 벗어날 수 있다. 목소리의 톤도 핵심 내용은 크게 말하고 부연 설명은 낮은 톤으로 말하면 된다. 감정 이입을 통해서 감정이 녹아들 수 있도록 해야 한다. 음색은 동화 구연을 배우면 탁월한 효과를 볼 수 있다.

Step 4. 암송 스피치

말을 할 때 핵심 내용은 기억하고 있어야 한다. 만약 그렇지 않으면 무슨 말을 해도 횡설수설할 수밖에 없다. 건축물도 골조가 튼튼해야 높이 올라간다. 말도 이와 마찬가지다. 대주제와 소주제에 따른 핵심 내용은 반드시 암기하고 있어야 한다. 예를 들면 "소통을 잘하는 비결 세 가지는 무엇일까요? 관심, 공감, 배려입니다. 전문가가 되는 비결 세 가지는 무엇일까요? 집중, 반복, 끈기입니다. 주변 사람들에게 관심을 보이는 방식은 무엇일까요? 미소, 인사, 대화, 칭찬입니다." 이렇게 핵심 소주제를 암기하고 있어야 논리 정연하게 말할 수 있다.

Step 5. 원고 작성

스피치 원고를 작성할 때는 그 주제와 관련된 책을 최소 5권 이상은 읽어야 한다. 더 나아가서 전문가 수준의 연사가 되고자 한다면 최소 10권 이상의 책을 읽고 원고를 작성해 보자. 단 원고 작성의 목적으로 책을 읽을 때는 간단한 요령이 필요하다. 무턱대고 책을 읽기보다는 목적성을 갖고 활용도를 생각하면서 읽어야 한다. 이럴 땐 밑줄을 그으면서 읽어야 나중에 정리하기가 편하다. 밑줄 그은 부분은 노트에 정리하고 인용하면 된다. 논리 정연한 원고는 대주제 범위 안에 모든 내용이 포함되어야 한다. 소주제는 대주제를 벗어날 수 없다. 상세한 내용은 글쓰기 부분에서 다루도록 하겠다.

Step 6. 리허설

연습은 많으면 많을수록 좋다. 실전에 들어가기에 앞서 최소 20번 이상은 원고를 큰소리로 낭독해 보자. 실전과 같은 준비 과정이 있어야 대중 앞에 설 때 훨씬 덜 긴장하게 된다. 가수가 음반 제작을 위해 녹음을 할 때도 최소 노래 한 곡을 만 번에 가까운 연습을 한다. 하물며 청중의 심금을 울리는 명강사로 거듭나기 위해서 더욱더 피나는 노력이 수반되어야 한다.

Step 7. 실전 경험

연단에서 즉흥적으로 말하는 사람을 보고 많이들 부러워한다. 그러나 한 가지 꼭 명심할 사항이 있다. 절대 '세상에는 공짜가 없다.'라는 것이다. 준비가 안 된 상태에서 말을 논리 정연하게 잘하는 사람은 타고난 것이 아니라, 그 주제와 관련된 내용으로 발표한 실전 경험이 많다는 걸 알아야 한다. TV에 출연해 인기를 누리는 강사를 보고 다들 부러워들 한다. 하지만 그 뒷배경을 조사해 보면 전국을 다니면서 같은 주제로 만 번에 가까운 산전수전의 실전 경험의 결과라는 것을 절대 잊지 말자.

■ 대중 스피치 준비 사항

✔ 이해력 수준

청중의 수준을 충분히 파악하지 못하고 강의 준비하면 큰 실수를 할 수 있다. 내용이 너무 어렵거나 쉬우면 청중은 잘 듣지 않고 몰입도가 떨어진다. 우스갯소리로 강사는 어려운 말도 쉽게 표현하고, 교수는 쉬운 말도 어렵게 표현한다는 말이 있다. 청중의 수준에 맞는 적절한 표현을 해야 공감을 불러일으킬 수 있다.

✔ 강의 목적

좋은 강의를 준비해도 연사의 의도와 청중의 기대가 일치하지 않으면 아무 소용이 없다. 청중이 왜 여기에 앉아 있는지? 그 이유를 명확하게 알고 청중이 듣고 싶어 하는 내용을 준비해야 한다. 청중은 돌아올 이익이 무엇인지 분명하게 알고 있을 때 몰입한다.

✔ 직위 체크

청중 중에서도 존경받고 인정받고 대우받고 싶은 분들이 있다. 그 대표적인 사람이 기업 대표, 교수, 교장, 고위직 공무원 신분이다. 이런 청중 앞에서는 다른 일반 청중들보다 존경을 표하고 예의 바르게 행동하고 칭찬을 많이 해야 마음의 문을 열고 강의를 집중해서 듣는다.

✔ 인원수

청중의 인원수가 많고 적음에 따라서 강의 스타일도 다르게 준비해야 한다. 예를 들어, 청중의 숫자가 100~200명 이상 넘어가는 대중 강연일 경우에는 연사가 전달하는 내용은 간단명료해야 한다. 그렇지 않고 스크린 화면에 빽빽하게 많은 분량의 내용을 보여 준다면 이것처럼 집중력이 떨어지는 때도 없다. 청중의 숫자가 많을수록 더 큰 글씨로 내용을 줄이고 그림과 영상을 준비해야 효과적이다. 한 프레임에 많은 내용을 담지 않아야 한다. 청중의 인원수가 적으면 질의응답 할 때 연사 혼자 주도적으로 하지 말고 참여 비중을 높여야 한다. 그래야 청중의 호감을 불러일으킬 수 있다.

✔ 남녀 비율

청중의 남녀 비율 또한 무시할 수 없는 대상이다. 남자와 여자가 같은 비율로 섞여 있는 경우는 특히 더 신중하게 해야 한다. 자칫 잘못하면 여성들의 호응도에 심취되어 일찌감치 남성들은 귀를 닫는 경우가 생긴다. 칭찬할 때도 한쪽으로 쏠리지 않도록 같은 비율로 해야 한다. 여성들의 관심 주제는 자녀 교육이나 행복한 가정을 만드는 데 있지만, 남성들은 정치나 사회적 이슈 및 경제 관념이나 노후 대책에 대해서 관심이 많다. 여성들은 감성적인 내용을 원하기에 스토리식 강의 방식을 좋아하고, 남성들은 논리 정연한 체계 속에서 새로운 정보와 지식으로 도움이 되어야지만 흥미를 갖는다.

✔ 연령대

연령대는 강의 난이도를 결정한다. 똑같은 주제로 말을 하더라도 연령대가 높을 경우는 “이 나이에 이걸 배워서 어디에 써먹을까?” 의문을 제기하고 앉아 있는 청중이 많다. 이런 청중의 마음을 오픈시키지 않고 바로 본론으로 들어간다면 내용은 겉돌게 된다. 연령대가 높은 경우에는 반드시 오프닝 할 때, 나이는 숫자에 불과하다는 메시지를 분명하게 전달하고 지금부터라도 여생을 더 행복하게 살아갈 수 있는 비결을 공개하는 내용으로 주도하면 된다.

✔ 핵심 인물

가끔 청중 중에서도 핵심 인물이 있다. 예를 들면 평사원들 사이에 임원이 참석한 경우다. 이런 인물을 제대로 만족시키지 못하면 강의 평가는 부정적일 수밖에 없다. 이런 주요 핵심 인물들은 다른 청중들 틈에서 조금은 눈에 띄게 유도할 필요가 있다. 이런 분위기를 연출하기 위해서는 될 수 있는 대로 질문과 말할 기회를 주어야 한다. 그 핵심 인물이 만족할 수준이라면 다른 청중도 호감을 얻게 된다.

✔ 강의 시간대

연령대별로 시간대가 다르게 형성된다. 젊은 층은 오전에 하는 것보다 저녁 시간대가 훨씬 더 경청을 잘한다. 중장년층은 오전 시간대가 가장 경청이 잘 되고, 그 외에는 점심 식사 시작 전이나 식사 후 가장 많은 졸음이 오는 시간대만 제외하면 문제 될 것이 없다.

✔ 체크 사항

아무리 우수한 명강사라도 실수할 경우가 발생한다. 연단에 서기 전에 반드시 체크 해야 할 항목이 몇 가지가 있다. 미리 장소 확인, USB 메모리 확인, 빔 포인트 건전지 확인, 빔 성능 확인, 마이크 및 음량 확인, 강의실 구조 확인이다. 이정도면 어느 정도 완벽에 가까운 준비라고 볼 수 있다.

✔ 성격 분석

청중의 성격 파악은 애니어 그램 분석을 이용하면 도움이 된다. 애니어 그램은 전체 아홉 가지 성격 유형으로 구성되어 있지만, 간단하게 세 가지 성격 유형의 카테고리로 묶어서 청중을 분석하면 도움이 된다.

여기서 말하는 성격 분석 유형 세 가지는 장형, 가슴형, 머리형으로 구분된다.

● 첫 번째, 장형 스타일의 청중

장형 스타일의 청중은 대부분 활동적인 성격 유형이다. 목소리가 크고 행동반경도 크다. 적극적으로 참여하기를 좋아하기 때문에 질문을 유도해서 적극적으로 참여시키면 반응이 좋다. 약간 다혈질적인 성격 유형이기에 흥분을 잘하고 반응도 시원시원하다. 자기 의견과 반대되는 경우에는 주변 사람 눈치도 보지 않고 반박해 오기에 주의할 필요가 있다. 질문도 직설적으로 하기에 똑같이 반응하면 휘말리게 된다. 이런 청중은 더 여유를 갖고 차분하게 대응하면 재미를 못 느껴 다음부터 그런 질문을 하지 않는다. 절대 말도 안 되는 질문에 당황할 필요는 없다. 장형 기질의 특징은 배고프면 못 참는 성격이기에 간단한 다과나 음료를 준비해 두면 좋은 반응을 보인다. 이런 유형의 청중은 예의를 상당히 중요시하기에 깍듯한 인사도 빼놓을 수 없다. 특히 상대를 무시하는 말투나 잘난 척하는 사람을 두고 보지 못한다. 그러니 겸손한 태도를 보여야 좋은 점수를 받을 수 있다.

● 두 번째, 가슴형 스타일의 청중

내숭을 많이 떠는 청중이다. 가슴형 스타일은 주변 상황을 많이 살피는 성격이다 보니 분위기에 아주 예민하다. 강의 장소는 너무 클 필요가 없으며, 사교적인 성격 유형이기에 서로 마주 앉아 대화할 수 있는 분위기를 만들어 주면 좋아한다. 이런 청중은 연사의 밝은 표정을 기대한다. 항상 밝은 표정과 밝은 음색, 밝은 내용을 오프닝으로 준비하고 청중을 맞이하면 된다. 강의 진도를 많이 나가는 것보다는 다양한 사례를 들고 스토리텔링 형식으로 강의하는 것을 좋아한다. 오프닝 단계에 낯가림이 심할 수도 있기에 서로 친하게 지낼 수 있는 계기를 만들어 주면 좋아한다. 예를 들어, 서로 인사, 악수, 안마, 칭찬을 유도하면 밝은 분위기에서 시작할 수 있다.

● 세 번째, 머리형 스타일의 청중

상당히 궁금증이 많은 청중이다. 궁금증이 많은 청중이다 보니 초반에 호불호가 확실하게 나뉜다. 집중도는 높거나 낮을 수 있지만, 중간은 없다. 본인의 관심사와 연관성이 있다고 판단되면 적극적인 경청을 하고, 동떨어진 내용이라 생각되면 아예 귀를 닫는 성격 유형이다. 이런 유형의 스타일에 잘 맞추려면 정확한 출처를 밝혀야 한다. 출처와 근거가 명확하지 않으면 계속 궁금증이 발동하여 강의에 집중하지 못한다. 특히 연사의 목소리에 아주 예민하게 반응하는 경향이 있다. 연사의 목소리가 너무 크면 오히려 집중력이 떨어지는 역효과가 난다. 그러니 차분한 어조로 약한 강약 조절로 설득력을 발휘해야 한다. 절대 근거 없는 감성적인 화법으로 말하면 오히려 반감을 불러일으킬 수 있다.

■ 스피치 스킬 네 가지

1. 강조 기법

말에도 리듬이 있다. 강조 구분 없이 말하면 내용 전달력이 떨어질 뿐만 아니라 지루하게 전달된다. 강조 없이 말을 하면 내용을 이해하기 힘들고 중요한 부분이 어디인지도 구분하기 힘들다. 한 문장 속에서 어디를 강조하느냐에 따라서 그 의미도 달라지기에 전달하고자 하는 핵심 주제에 초점을 맞춰서 강조 구문을 살려야 한다.

● 높임 강조: 다른 부분보다 강조할 곳에 음성을 크게 해서 말하는 기법이다.

[예] 철수는 공부를 안 해서 선생님께 혼나서 울었다.(누가)

철수는 공부를 안 해서 선생님께 혼나서 울었다.(왜)

철수는 공부를 안 해서 선생님께 혼나서 울었다.(누구한테)

철수는 공부를 안 해서 선생님께 혼나서 울었다.(어떻게)

철수는 공부를 안 해서 선생님께 혼나서 울었다.(결과)

- 낮춤 강조: 다른 곳보다 음성을 낮게 해서 강조의 효과를 나타내는 기법이다.

  [예] 큰 사람과 **작은 사람이** 나란히 서 있습니다.

- 느림 강조: 다른 곳보다 강조하고자 하는 부분의 말의 속도를 천천히 함으로써 중요한 부분임을 나타내는 강조 기법이다.

  [예] 말을 할 때는 **천천히 또박또박** 그리고 **자연스럽게** 하라고 선생님께서 말씀하셨습니다.

- 멈춤 강조: 말을 잠깐 멈추고 침묵을 통해서 강조할 부분을 돋보이게 하는 기법이다.

  [예] 다음은 올해의 연예 대상을 발표하겠습니다. 올해의 연예 대상은 바로 … OOO입니다. 큰 박수로 맞아 주시길 바랍니다.

2. 템포(Tempo)

말을 할 때는 빠르게 해야 할 부분과 느리게 해야 할 부분이 있다. 중요한 부분은 천천히 말하고 중요하지 않은 부분은 빠르게 말하는 것이 요령이다. 다시 말해서 핵심 내용은 천천히 말하고 그 핵심 내용의 부연 설명하는 곳은 빠르게 말한다. 긴박한 상황이거나 클라이맥스 부분에서는 말을 빠르게 해야 감정 표현이 된다.

서론은 여유를 갖고 질의 응답식으로 천천히 말해야 하지만, 본론은 주제 부연 설명이기에 더 빠르게 말해야 효과적이다. 결론은 전체 핵심 내용을 다시 요약해서 전달해야 하기에 천천히 말해야 한다.

[예] 오늘은 여러분에게 '행복한 인생을 사는 방법'에 관해서 말씀드리겠습니다. (천천히) 첫째, 감사하는 마음을 가져야 합니다. (천천히) 우리는 늘 익숙하다 보니 그 고마움을 잊고 살아갈 때가 많습니다. (약간 빠르게) 그 한 요소가 바로 매일 공짜로 마시고 있는 공기입니다. (빠르게)

3. 톤(Tone)

말할 때 목소리 톤을 크게 하거나 작게 해서 단조로운 말투에서 벗어나야 한다. 노래를 부를 때도 높은음이 있고 낮은음이 있기에 좋은 리듬감을 느낄 수 있다. 스피치도 이와 마찬가지이다. 계속 낮은 톤으로 말을 하거나 높은 톤으로 말한다면 청중의 집중도는 오히려 더 떨어진다. 핵심 문장은 목소리 톤을 높여서 청중의 뇌리에 각인시켜야 한다. 이제는 예전처럼 큰 목소리로 고함을 지르면 오히려 설득력이 떨어진다.

(여기서 표시된 숫자는 목소리 톤을 의미한다.)

[예] 사람은 한평생 공부해야 합니다./(30) 죽는 날까지 공부해야 합니다./(50) 남이 알아주건 알아주지 않건 상관없이/(30) 우리는 한평생 죽는 날까지 공부해야 합니다./(50)

4. 감정 이입

말할 때 감정을 이입해서 표현해야 청중의 심금을 울릴 수 있다. 똑같은 원고지만 연사의 감정 표현 방식에 따라서 내용 전달이 확연하게 달라진다. 상황에 맞게 적절하게 사용하면 도움이 되지만, 과하면 북한 아나운서처럼 되거나, 설교 형식의 교회 목사님처럼 말하게 된다. 감정 표현 훈련은 드라마 대사 읊기, 시 낭송 또는 동화 구연을 배우면 도움이 된다.

[예] 상황 설명: 칼을 든 적에게 쫓기다 보니 강에 가로막혔고, 행운인지 불행인지 강 위에는 나룻배가 떠가고 있습니다. 이때 나룻배를 불러

서 타면 살 수 있고, 나룻배를 타지 못하면 죽을 수밖에 없습니다. 이런 생사의 갈림길에 처해 있다고 가정하고 나룻배를 한번 불러 보세요.

대사: "나룻배~!"(위급한 상황을 느낄 수 있는 감정 표현)

[예] 상황 설명: 4살짜리 아이가 화장실로 달려간다. 볼일을 다 본 아이가 엄마에게 외친다.

아이 대사: "엄마 닦아 줘!"

(이제 아이 스스로 할 수 있게끔 가르치기 위해 엄마가 말했다.)

엄마 대사: "이제 스스로 닦으렴."

아이 대사: "엄마! 그럼 이제부터 똥은 셀프야?"

감성 표현 (시 낭송)

오직 드릴 것은 사랑뿐

–마야 앙겔루

꽃은 피어도 소리가 없고
새는 울어도 눈물이 없고
사랑은 불타도 연기가 없더라.

장미가 좋아서 꺾었더니 가시가 있고
친구가 좋아서 사귀었더니 이별이 있고
세상이 좋아서 태어났더니 죽음이 있더라.

나 시인이라면 그대에게 한 편의 시를 드리겠지만
나 목동이라면 그대에게 한 잔의 우유를 드리겠지만
나 가진 것 없는 가난한 자이기에 오직 드릴 것은 사랑뿐이리.

STEP 02

글쓰기 전략

"아는 것이 많아서 책을 쓰는 게 아니라, 책을 쓰기 때문에 아는 게 많아진다."

–김상언

지금까지 글쓰기에 대해서는 크게 중요하게 생각하지 않았다. 학창 시절 책 읽고 독후감 정도로 생각하는 사람도 있고, 일과를 정리하는 목적으로 작성하는 일기 쓰기를 떠올지 모른다. 하지만 글쓰기 실력에 따라서 한 사람의 몸값이 달라지고 인지도를 높여 주는 역할까지 한다. 그래서 반드시 글쓰기 기술은 배워야 한다. 앞서 언급한 대중 앞에서 말을 잘하기 위해서라도 논리 정연한 글쓰기 실력은 길러야 한다.

■ 논리 정연한 스피치 원고

글쓰기를 잘하려면 논리 정연한 구성을 이해하고 있어야 한다. 서론에서 주제를 중심으로 오프닝을 하고, 본론에서는 주제에 관한 부연 설명을 구체적으로 하고, 결론에서는 다시 핵심 내용을 언급하여 스피치 원고를 작성하면 된다.

▶ 서론(오프닝)

① 인사말

대부분 인사말은 계절과 날씨에 관해 언급할 때가 많다. 하지만 정확한 표현은 주제와 연관되게 표현해야 제대로 된 인사말이 된다.

[예] "안녕하십니까? 나보다 상대방의 입장을 배려하기 위해 마음의 그릇을 키워가고 있는 남자(여자) OOO입니다.

② 질문

강의 오프닝으로 가장 많이 활용되는 기법이다. 질문하면 그에 따른 답을 찾기 위해 몰입하게 된다. 궁금증 유발로 청중은 귀를 기울이게 된다. 질문도 주제와 연관된 내용으로 시작하면 된다.

[예] "여러분은 대화를 시작할 때 상대방의 입장을 고려해서 말하는 편입니까?"

③ 질문의 답

질문에 따른 답변을 할 때는 무조건 솔직하게 연사의 생각을 말하는 게 아니라, 청중의 호응도가 예상되는 답변을 해야 시작 단계에서 반감을 사지 않고 관심을 불러일으킬 수 있다.

[예] "저는 상대방의 입장을 고려해서 말하는 경향이 있습니다. 그런데 대다수의 사람은 그렇게 하지 않더군요. (×)"
"상대방의 입장을 고려해서 말해야 하는데, 생각처럼 쉽지가 않더군요. 여러분도 그럴 때가 많으시죠? (○)"

④ 주제 선언

말할 때 중요한 핵심은 주제에서 벗어나지 않아야 한다. 논리 정연한 구성은 전체 내용이 주제와 연관되어 있어야 한다. 주제를 선언하는 건 앞으로 전개될 핵심 내용을 강조하기 위함이다.

[예] "오늘 여러분에게 말씀드리고 싶은 강의 주제는 '상대방의 입장을 고려해서 말을 하자!'라는 내용입니다."

⑤ 주제 배경

배경 설명에서는 핵심 주제에 관해 말하는 이유와 목적, 방향, 돌아갈 이익이 무엇인지 구체적으로 언급해야 한다. 연사가 어떤 주제를 갖고 대중 앞에 섰을 때는 분명한 이유가 있다. 청중이 얻게 될 이익이 무엇인지 명확하게 알려주는 부분이다. 그러면 관심을 보이며 본론 내용에 집중할 수 있고, 청중의 반응을 불러일으킬 수 있다.

[예] "오늘 '상대방의 입장을 고려해서 말을 하자'라는 주제로 말을 하게 된 이유는 여러분의 소통 능력을 키워서 대인 관계의 질을 높여 주고 싶기 때문입니다."

▶ 본론(스토리식 or 열거식)

서론에서 본론으로 넘어갈 때는 어떤 멘트를 하고 본론으로 넘어가야 할까? 바로 이렇게 표현하면 된다.

[예] "그래서 오늘 여러분에게 자신감을 키우는 비결에 관해서 저의 경험을 이야기할까 합니다."

"그래서 오늘 여러분에게 성공의 비결에 관한 세부 내용으로 딱 세 가지만 말씀드리겠습니다."

본론의 구성은 대부분 스토리식과 열거 형식으로 구성된다. 스토리 형식으로 감정 표현을 하면 청중의 심금을 울릴 수 있는 장점이 있다. 하지만 스토리가 장황하게 길어지면 오히려 지루한 단점이 될 수도 있으니 주의할 필요가 있다.

열거 형식은 핵심 주제에 관한 내용을 세분화시켜서 청중의 이해를 돕는 기법이다. 대주제에서 소주제로 다시 세분화해서 말하면 된다. 5분 스피치를 한다고 가정을 했을 때, 소주제는 세 가지를 넘어가지 않아야 한다. 만약 시간을 고려하지 않고 세부 내용이 길어지면 청중을 지루하게 만들고 집중도를 떨어지게 한다.

[예] 스토리식 사례

"지하철에서 일어난 일입니다. 퇴근 시간에 3살 5살 된 사내아이 둘이랑 아빠가 지하철을 탔습니다. 그런데 아이들이 너무 산만하고 어수선하게 지하철 안을 돌아다니면서 형제지간에 서로 잡기 놀이를 하는 게 아닙니까? 안 그래도 퇴근 시간이라 지하철은 만원이었고 앉을 자리도 없어서 대부분은 서 있는데 아이들까지 한 몫을 더하니 지하철 안은 난장판이 되고 말았습니다. 그런데 몇 구간을 갔을까요? 한 나이 많은 할아버지께서 지하철을 타게 되자 한 젊은 청년이 아이 아빠로 보이는 옆 좌석을 양보했다고 합니다. 그러자 천지를 모르고 소리를 지르면서 잡기 놀이를 하고 있던 아이들을 본 할아버지는 아이들 아빠에게 야단을 쳤다고 합니다.

할아버지: "지금 저 천지를 모르고 지하철 안을 뛰어다니는 아이들이 당신 아들 맞습니까?"

아이 아빠: "네, 그런데요. 할아버지!"

할아버지: "지금 뭐 하자는 겁니까? 퇴근 시간에 다들 피곤해 죽겠는데, 다

들 앉을 자리가 없어 서서 가고 있는데, 아이들이 온 지하철 안을 다니면서 승객의 발을 밟고 피해를 주고 있잖아요! 애 아빠가 되어서 아이들 관리 하나 제대로 못 하고 지금 뭐 하자는 겁니까?"

아이 아빠: "아~ 네~ 할아버지! 죄송합니다. 제가 정신이 없어서 미쳐 아이들을 챙기지 못했습니다. 죄송합니다!"

할아버지: "아이들 제대로 관리 좀 하세요! 승객들한테 피해를 주고 있잖아요!"

아이 아빠: "네~ 할아버지! 정말 죄송합니다."

(그리고 몇 구간이 지났을까요. 아이들 아빠가 할아버지에게 다시 말을 걸어왔다.)

아이 아빠: "할아버지 조금 전에는 정말 죄송했습니다. 제가 아이들을 챙겼어야 했는데."

할아버지: "네, 괜찮습니다. 아직 아이들이 어리니까 그럴 수 있죠! 아무튼, 밖에 나올 때는 아이들 관리 좀 하세요."

(시간이 조금 지나서 다시 아이 아빠는 할아버지에게 말을 걸었다.)

아이 아빠: "할아버지! 사실 제가 오늘은 정말 정신이 없었습니다. 며칠 전에 아이들 엄마가 교통사고로 목숨을 잃고 오늘 화장해서 공동묘지에 묻고 오는 중이라 미쳐 제 아이들을 챙기지 못했습니다. 할아버지 정말 죄송합니다!"

(전혀 예상치 못한 아이 아빠의 말에 지하철 안은 어떻게 되었을까요? 조금 전까지만 해도 아이들을 보고 '나쁜 놈!' '괘씸한 놈!' 하면서 마음속으로 욕을 하고 있었는데, 막상 아이 아빠의 이야기를 듣고 보니 갑자기 아이들이 너무 불쌍해 보이더라는 겁니다.)

[예] 열거식 사례

"대인 관계의 질을 높이는 소통 잘하는 비결 세 가지를 말씀드리겠습니다.

첫째, 관심입니다. 관심에는 네 가지 실천 사항이 있습니다. 미소, 인사, 대화, 칭찬하기입니다.

둘째, 공감하기입니다. 공감을 잘하기 위해서는 맞장구치기, 경청하기, 공통점 찾기를 잘해야 합니다.

셋째, 배려하기입니다. 배려를 잘하기 위해서는 주변 사람들에게 양보하고, 손해 보고, 베풀고 나서도 기대하는 마음이 없어야 합니다."

▶ **결론(요약 및 실천 사항)**

① 핵심 내용 요약

전체 내용을 말하고 마무리 단계에서는 본론에서 결론으로 넘어간다는 말을 해야 한다.

[예] "앞서 말씀드린 내용을 통해서 제가 여러분들에게 하고 싶은 말은 OOO에 관한 내용입니다."

"앞서 말씀드린 내용을 통해서 제가 여러분들에게 하고 싶은 말은 누구를 만나더라도 상대방의 입장을 잘 모르면서 함부로 판단해서는 안 된다는 것입니다."

② 연사의 견해

본론에서 다른 사람들의 전문 지식과 경험담을 인용하여 말할 수는 있지만, 결론에서 연사의 견해가 빠지면 안 된다. 앞서 말한 내용에 관해 연사의 솔직한 생각과 감정을 전달해야 청중의 심금을 울릴 수 있기 때문이다.

[예] "오늘 OOO주제와 연관된 저의 생각은 OOO입니다."

"우리는 상대방의 입장을 고려하지 않고 무턱대고 막말을 해서는 안 된다는 것입니다. 모든 상황이 다 똑같을 수는 없기에 역지사지로 상대의 입장을 이해하고 말해야 실수를 줄일 수 있다고 생각합니다."

③ 명언 풀이

주제와 관련된 명언을 풀이해서 말의 품격을 높이는 표현이다. 처음부터 고사성어 또는 사자성어, 명언을 넣어서 오프닝을 시작하면 연사가 잘난 척하는 사람으로 오해할 수 있기에 결론에서 하면 좋다. 우리나라 정서가 겸손의 문화이기에 잘난 척을 하는 연사의 말을 들어줄 만큼 마음의 그릇이 넓은 청중이 흔하지 않기 때문이다. 결론 부분에 와서는 문제 될 게 없다. 청중과 어느 정도 공감대를 형성하고 말을 진행해 왔기 때문에 결론에서는 실력으로 인정을 받을 수 있다.

[예] "오늘의 주제와 관련된 명언 중에 이런 OOO 말이 있습니다."

"오늘의 주제와 관련된 명언 중에 '신은 우리의 내면을 보고 판단하지만, 사람은 외면을 보고 판단하기 쉽다.'라는 것입니다. 그러니 자신의 직업에 맞는 겉모습을 갖추는 데 신경을 써야 한다는 것입니다."

④ 실천 사항(결의 및 다짐)

주제와 관련된 핵심 내용으로 실천 사항을 강조하는 부분이다. 앞서 좋은 말을 많이 하고도 마무리를 못하면 의미 전달이 안 된다. 마무리를 잘하기 위해서는 결의와 실천 사항을 구체적으로 언급해야 한다.

[예] "오늘 여기 참석하신 여러분은 OOO을 실천해 주길 부탁드립니다. 감사합니다."

"오늘 여기 참석하신 여러분은 상대방의 입장을 고려하지 않고 말을 해서 다른 누군가에게 상처 주는 일이 없기를 바랄 뿐입니다. 감사합니다."

■ 논리 정연한 글쓰기 사례 1

강의 주제: 걱정지수!

1. 서론

- 인사말:

  안녕하십니까?/ 원하는 큰 꿈을 이루기 위해/ 최선을 다해 노력하고 있는 OOO입니다./

- 질문:

  여러분은 걱정이 많은 편입니까?/ 아니면 걱정이 적은 편입니까?/

- 질문의 답:

  꿈을 이루기 위해서는/ 걱정은 안 하는 것이 좋은 것 같지만/ 꼭 그렇지만은 않습니다.

- 주제 선언:

  그래서 오늘 여러분에게/ 말씀드릴 강의 주제는/ '걱정지수'에 관한 내용입니다./

- 주제 배경 설명:

  꿈을 세우고/ 실천력이 부족한 이유가/ 단지 '열정'이 부족한 줄만 알았습니다./ 그 원인은/ '걱정지수'가 낮아서 실행력이 떨어진 것이었습니다./ 그래서 오늘 여러분에게/ 꿈을 이루기 위한 걱정지수 높이는 방법을 소개하고자 합니다./

2. 본론(세부 내용 및 story speech)

첫째, 꿈을 걱정해야 합니다./ 미래의 이루고 싶은 꿈은 무엇인지?/ 그 꿈을 이루기 위해서/ 무슨 노력을 해야 하는지?/ 꿈만 세워 놓고 게으름만 피우고 있는 건 아닌지 걱정해야 합니다./

둘째, 건강을 걱정해야 합니다./ 건강은 건강할 때 돌봐야지/ 아플 때 병원 가면 이미 늦을지 모릅니다./ 건강에 안 좋은 생각과 행동을 하는 건 없는지 걱정해야 합니다./

셋째, 배움을 걱정해야 합니다./ '아는 것이 없으면 하고 싶은 것이 없다.'라는 말이 있습니다./ 아는 것이 없어서/ 도전을 못 하는 건 없는지 걱정해야 합니다./

넷째, 노후를 걱정해야 합니다./ 노후 준비는/ 한 살이라도 젊을 때 시작 해야 합니다./ 젊은 시절 놀 것 다 놀고 살 것 다 사고/ 노후 준비 잘 하는 사람은 없습니다./ 노후 준비가 잘 되고 있는지 걱정해야 합니다./

다섯째, 사회를 걱정해야 합니다./ 우리 사회는/ 더불어 살아가는 세상입니다./ 나 혼자 잘 먹고 잘살면 끝나는 게 아니라,/ 더불어 잘 살아야 합니다./ 사회와 더불어 잘 살아갈 수 있도록 걱정해야 합니다./

여섯째, 미래를 걱정해야 합니다./ 한 치 앞을 예견할 수 없는 것이 미래입니다./ 예상치 못한 일이 발생하더라도/ 강한 정신으로 이겨낼 수 있도록/ 미래를 준비하고 걱정해야 합니다./

일곱째, 인맥을 걱정해야 합니다./ 지금까지 관계를 맺어온 사람들은 나의 성적표나 다름없습니다./ 그 사람들과의 신뢰와 믿음이 깨지지 않도록/ 인맥 관리를 걱정해야 합니다./

3. 결론

- 전체 내용 요약:

  앞서 말씀드린 내용을 통해서/ 제가 여러분에게 하고 싶은 말은/ '걱정지수가 높아야/ 원하는 꿈과 목표를 달성할 수 있다.'라는 것입니다./

- 연사의 견해:

  물론 걱정지수가 높으면/ 부작용도 많습니다./ 우울증이 생기거나,/

식욕이 감퇴하거나/ 불안한 증상을 보이기도 합니다./ 하지만 걱정 지수가 너무 낮아도/ 평생 게으름에서 벗어나지 못해/ 불행한 인생을 살아가게 됩니다.

- 주제와 관련된 명언:
  주제와 관련된 명언 중에/ 이런 말이 있습니다./ '적정 걱정은 꿈과 목표를 이루게 하는 원동력이다.'라는 것입니다./ 적정 걱정은 자기발전의 원동력이 되고 실천력을 높여 주는 동기부여 수단이 됩니다./
- 결심 촉구 및 실천 의지:
  오늘 여기 참석하신 여러분은/ 낮은 걱정지수를 끌어 올려서/ 자신이 원하는/ 꿈과 목표를 달성하는 인물이 되길 바랍니다./ 감사합니다./

■ 논리 정연한 글쓰기 사례 2

강의 주제: 게으름 극복!

1. 서론

- 인사말:
  안녕하십니까?/ 게으른 습관에서 벗어나 부지런한 습관으로/ 이미지 변신에 성공하고 싶은 OOO입니다./
- 질문:
  여러분은/ 지금 하는 일이 마음 먹은 대로/ 잘 실천되고 있습니까?/ 아니면 몸과 마음이 따로 놀아서/ 힘들어 하고 있습니까?/
- 질문의 답:
  대다수 사람은/ 꿈은 큰데 그것을 달성하기 위한/ 실천력과 의지력이 부족하여/ 마음고생이 많을 것입니다./

- 주제 선언:

  그래서 오늘 여러분에게/ 말씀드릴 강의 주제는/ '게으름을 극복하는 비결!'에 관한 내용입니다./

- 주제 배경 설명:

  우리가 원하는 꿈과 목표를 달성하려면/ 반드시 게으름을 극복해야 합니다./ 게으름은 미리 연락하고 찾아오는 방문객이 아닙니다./ 게으른 습관은 자신도 모르게 형성됩니다./ 그래서 오늘 여러분에게/ 게으름을 극복하는 비결 다섯 가지를 소개하고자 합니다./

2. **본론(세부 내용 및 story speech)**

첫째, 스케줄 관리를 잘해야 합니다./ 하루 계획을 세워야 실천력이 생깁니다./ 매일 반복되는 일상에서 벗어나려면/ 계획 세우기를 절대 잊어서는 안 됩니다./

둘째, 걱정지수를 높여야 합니다./ 걱정지수가 낮으면 실천력이 생기지 않습니다./ 걱정지수가 높아야/ 게으른 습관에서 벗어나/ 부지런한 사람이 됩니다./

셋째, 목적성 있는 삶을 살아야 합니다./ 어떤 일을 추진할 때는/ 분명한 목적을 두고 시작해야 합니다./ 목적성이 뚜렷해야/ 실패해도 절대 포기하지 않고 도전하기 때문입니다./

넷째, 절제할 줄 알아야 합니다./ 자기가 하고 싶은 대로 다 하면서 사는 사람은 없습니다./ 큰 꿈을 이루기 위해서는/ 작은 마시멜로 유혹을 이겨야 합니다./ 절제 속에서 실천력이 생겨나기 때문입니다./

다섯째, 억지로 실천해야 합니다./ 하고 싶은 마음이 생길 때까지 기다리지 말고, 하기로 했으면 바로 실천해야 합니다./ 하고 싶은 마음이 생길 때를 기다리면 이미 늦습니다./ 좋은 습관은 억지로/ 나쁜 습관은 저절로 형성된다는 걸/ 절대 잊어서는 안 됩니다./

3. 결론

- 전체 내용 요약:

  앞서 말씀드린 내용을 통해서/ 제가 여러분에게 하고 싶은 말은/ '게으름을 극복해야/ 자신이 원하는 꿈과 목표를 실현할 수 있다!' 라는 것입니다./
- 연사의 견해:

  매일 수많은 계획을 세우고/ 실행력이 부족하면/ 자존감마저 떨어집니다./ 하루아침에 실행력이 뛰어난 사람은 없습니다./ 욕심을 버리고 작은 것부터 실행에 옮겨서/ 자기 신뢰부터 쌓아야 합니다./
- 주제와 관련된 명언:

  주제와 관련된 명언 중에/ 이런 말이 있습니다./ '게으른 습관은 저절로 생기고, 부지런한 습관은 억지로 생긴다.'라는 것입니다./ 쉽게 좋은 습관을 형성한 사람은/ 단 한 사람도 없다는 것을 명심해야 합니다./
- 결심 촉구 및 실천 의지:

  오늘 여기 참석하신 여러분은/ 게으른 습관에서 벗어나/ 부지런한 사람으로/ 이미지 변신에 성공하여/ 꼭 자신이 원하는 꿈과 목표를 달성하길 바랍니다./ 감사합니다./

■ 논리 정연한 글쓰기 사례 3

강의 주제: 결단력!

1. **서론**

- 인사말:

  안녕하십니까?/ 내가 원하는 인생을 살기 위해/ 결단 내리기를 주저하지 않는 OOO입니다.

- 질문:

  여러분은/ 인생을 살면서 결단 내리기를 주저하지 않습니까?/

- 질문의 답:

  대부분은/ 결단 내리기를/ 주저하게 됩니다./ 그 이유는/ 그에 따른 책임이 따르기 때문입니다./

- 주제 선언:

  그래서 오늘 여러분들에게/ 말씀드릴 강의 주제는/ '결단의 중요성!'에 관한 내용입니다./

- 주제 배경 설명:

  인생을 살다 보면/ 하루하루가 결단의 연속입니다./ 스스로 내려야 할 결단을/ 다른 사람들에게 미룬다면/ 자신이 원하는 인생을 살아가기 힘들 것입니다./ 그래서 오늘 여러분에게 올바른 결단을 내리는 데/ 도움을 주고자 그 방법을 소개하고자 합니다./

2. **본론(세부 내용 및** story speech)

첫째, 배경 지식이 있어야 합니다./ 올바른 결단은/ 그 분야에 전문지식이 있을 때/ 가능합니다./ 그 방면에 폭넓은 배경 지식이 없다면/ 결단 내리기가 어렵기 때문입니다./

둘째, 주인 정신이 있어야 합니다./ 누구도 자신의 인생을 엑스트라로 사는 사람은 없습니다./ 단 한 번뿐인 인생을/ 의미 있고 가치 있게 만들어 가겠다는 주인 정신이 있어야 합니다./

셋째, 책임감이 있어야 합니다./ 스스로 내린 결단에 대해서 책임지는 태도가 중요합니다./ '잘되면 내 탓 잘못되면 조상 탓'이라는 생각은/ 올바른 결단 내리기가 어렵습니다./

넷째, 실수와 실패를 두려워하지 않아야 합니다./ 사람은 실패를 통해 성장합니다./ 실패를 두려워한다면/ 인생의 갈림길에 섰을 때/ 올바른 결단 내리기를 주저하게 됩니다./

3. 결론

- 전체 내용 요약:

  앞서 말씀드린 내용을 통해서/ 제가 여러분에게 하고 싶은 말은/ 올바른 결단은/ '준비된 지식과 마음가짐'에 달렸다는 것입니다./

- 연사의 견해:

  큰 꿈만 세워 놓고/ 결단 내리기를 주저한다면/ 이룰 수 없습니다./ 완벽한 성공이 없듯이/ 완벽한 결단 또한 있을 수 없습니다./ 작은 결단을 내려서 기초를 쌓고/ 그것을 토대로 더 큰 결단을 내릴 수 있는/ 현명한 사람이 되어야 합니다./

- 주제와 관련된 명언:

  주제와 관련된 명언 중에/ 이런 말이 있습니다./ '스스로 결단 내리기를 주저한다면 평생 엑스트라로 살게 된다.'라는 것입니다./ 단 한 번뿐인 인생을 살면서/ 다른 사람 눈치 보면서/ 결단 내리기를 주저해서는 안 됩니다./

- 결심 촉구 및 실천 의지:
  오늘 여기 참석하신 여러분은/ 결단의 중요성을 바로 알고/ 적절한 시기에 올바른 결단을 잘 내려/ 성공과 행복을 누리면서 살아가길 바랍니다./ 감사합니다./

■ 논리 정연한 글쓰기 사례 4

강의 주제: 전문가의 비결!

1. 서론

- 인사말:
  안녕하십니까?/ 어제의 나보다 더 성장하여/ 전문가의 길을 가고 싶은 OOO입니다./
- 질문:
  여러분은 숙련가가 되고 싶습니까?/ 아니면 전문가가 되고 싶습니까?/
- 질문의 답:
  여기서 말하는 숙련가는/ 반복된 일상 업무를 잘하는 사람을 의미합니다./ 그러나 전문가는/ 남들이 해결하지 못하는/ 어려운 문제를 잘 해결하는 사람을 의미합니다./
- 주제 선언:
  그래서 오늘 여러분에게/ 말씀드릴 강의 주제는/ '전문가가 되는 비결!'에 관한 내용입니다./
- 주제 배경 설명:
  요즈음 시대를/ 한 치 앞을 예측할 수 없는/ 불확실성한 사회라고 봅니다./ 이런 어려운 환경 속에서 살아남는 비결은/ 전문가로 거듭나는 것입니다./ 그래서 오늘 여러분에게 조직 생활에서 인정받을 수 있는/ 전문가가 되는 비결 세 가지를 소개할까 합니다./

2. **본론(세부 내용 및 story speech)**

첫째, 집중입니다./ 전문가는 다양한 분야에/ 팔방미인으로 활동하지 않습니다./ 한 분야에 명확한 목표를 세우고/ 자신의 타고난 끼와 재능을 발휘하여/ 두각을 나타냅니다./ 자신의 타고난 장점이 무엇인지 찾아서 집중해야 합니다./

둘째, 반복입니다./ 이루고자 하는 목표에 관한/ 전문지식을 꾸준히 학습해야 합니다./ 그리고 배운 지식은 반복을 통해서/ 단기 기억을 장기 기억으로 만들어야 합니다./

셋째, 끈기입니다./ 훌륭한 전문가는 하루아침에 탄생하지 않습니다./ 실패하더라도 끈기 있게 도전할 때/ 전문가로 거듭날 수 있습니다./

3. **결론**

- 전체 내용 요약:

  앞서 말씀드린 내용을 통해서/ 제가 여러분에게 하고 싶은 말은/ 전문가의 길을 가고자 한다면/ '집중! 반복! 끈기!'를 습관화시켜야 한다는 것입니다./

- 연사의 견해:

  전문가는/ 남다른 생각과 행동으로/ 도전한 사람만이 될 수 있습니다./ 전문가의 길은 멀고도 험난합니다./ 도전하는 일마다 성과보다는/ 실패의 쓴맛을 더 많이 맛볼 수 있습니다./

- 주제와 관련된 명언:

  주제와 관련된 명언 중에/ 이런 말이 있습니다./ '집중 반복 끈기는 전문가가 되기 위한 핵심 실천 사항이다.'라는 말입니다./ 타고난 재능만 믿고/ 노력을 게을리한다면/ 절대 전문가가 될 수 없습니다./

- 결심 촉구 및 실천 의지:
  오늘 여기 참석하신 여러분은/ 자신의 타고난 잠재능력을 잘 발휘하여/ 존경받는 인물로 거듭나길 바랍니다./ 감사합니다./

■ 논리 정연한 글쓰기 사례 5

강의 주제: 부자의 습관!

1. 서론

- 인사말:
  안녕하십니까?/ 부자의 생활 습관으로/ 내 인생을 송두리째 바꿔보고 싶은/ OOO입니다./
- 질문:
  여러분은/ 인생을 사는데/ 가장 중요한 것이/ 무엇이라고 생각하십니까?/
- 질문의 답:
  제가 생각하기에는/ 부자의 생활 습관을/ 배우는 것이 아닐까 생각합니다./
- 주제 선언:
  그래서 오늘 여러분에게/ 말씀드릴 강의 주제는/ '부자의 생활 습관'에 관한 내용입니다./

● 주제 배경 설명:

이미 성공한 사람들에게 그 비결을 물어보면/ 운이 좋았다고 말을 합니다./ 하지만 성공한 인물들의 자서전을 읽어 보면/ 분명한 차이가 있습니다./ 그래서 오늘 여러분에게/ 자수성가한 부자들의/ 생활 습관 일곱 가지를 소개할까 합니다./

2. **본론(세부 내용 및 story speech)**

첫째, 기상과 취침입니다./ 하루의 시작을 알리는 기상 시간과/ 하루의 마무리를 짓는 취침시간은/ 일정해야 합니다./ 그래야 최고의 컨디션으로/ 규칙적인 생활 습관을 유지할 수 있기 때문입니다./

둘째, 운동입니다./ 몸이 건강하지 않으면 의욕이 생기지 않습니다./ 단 10분을 운동하더라도/ 매일 꾸준히 해야 합니다./

셋째, 계획입니다./ '하루를 계획하지 않으면/ 실패를 계획한 것과 같다.'라고 했습니다./ 하루를 알차게 보내려면/ 우선순위를 세워서/ 가치성 있는 것부터 실천해야 합니다./

넷째, 정리정돈입니다./ 정리정돈을 잘하는 사람이/ 자기관리를 잘하는 사람입니다./ 물건은 정해진 장소에 놓여 있어야/ 마음의 안정을 찾을 수 있습니다./

다섯째, 자기 확언입니다./ 무의식을 의식화시켜야 긍정의 마음으로 하루를 시작할 수 있습니다./ 자기 확언을 통해서/ 뇌를 긍정적으로 만들어야 합니다./

여섯째, 자기 계발입니다./ 고인 물은 썩듯이/ 새로운 지식을 배우고 익히지 않으면/ 시대 변화에 발맞추어 살아가기 힘듭니다./ 자기 계발을 통해/ 안전지대에서 벗어나/ 성장 지대의 삶을 살아가야 합니다./

일곱째, 독서입니다./ 자수성가한 CEO는 독서를 꾸준히 합니다./

독서를 통해/ 다른 방법으로 도전할 기회를 찾고,/ 실패를 이겨낼 힘을 키울 수 있기 때문입니다./

3. 결론

- 전체 내용 요약:

  앞서 말씀드린 내용을 통해서/ 제가 여러분에게 하고 싶은 말은/ 자수성가한 인물이 되고자 한다면/ 부자의 생활 습관을 실천해야 한다는 것입니다./

- 연사의 견해:

  부자는 절대 하루아침에 탄생한 인물이 아닙니다./ 부자의 생활 습관을 벤치마킹하여/ 꾸준히 실천했기 때문에 나온 성과입니다./

- 주제와 관련된 명언:

  주제와 관련된 명언 중에/ 이런 말이 있습니다./ '하고 싶은 마음이 생길 때까지 기다리지 말고 억지로 실천하자.'라는 것입니다./ 부자가 되기 위한 좋은 습관은/ 억지로 실천해야 형성된다는 것입니다./

- 결심 촉구 및 실천 의지:

  오늘 여기 참석하신 여러분은/ 부자의 생활 습관을 실천하여/ 자신이 원하는/ 성공, 행복, 자유, 건강한 삶을 누리면서/ 살아가길 바랍니다./ 감사합니다./

■ 논리 정연한 글쓰기 사례 6

강의 주제: 부자의 비결!

1. 서론

- 인사말:

  안녕하십니까?/ 가난한 사람을/ 부자로 만들어 주고 싶은/ OOO입니다./

- 질문:

  누구나 부자를 꿈꾸지만/ 그 꿈이 실현되지 못하는 이유를/ 알고 계십니까?/

- 질문의 답:

  대부분 부자가 되는 비결에 관해서/ 제대로 알지 못하고 있기 때문입니다./

- 주제 선언:

  그래서 오늘 여러분에게/ 말씀드릴 강의 주제는/ '부자의 비결'에 관한 내용입니다./

- 주제 배경 설명:

  부자는 상위 20% 안에 속합니다./ 나머지 80% 속한 사람들과는 분명한 차이가 있습니다./ 어떤 차이점이 있는지/ 오늘 여러분에게 낱낱이 부자의 비밀을 공개하고자 합니다./

2. 본론(세부 내용 및 story speech)

첫째, 부자가 될 생각을 매일 합니다./ 부자가 되겠다고 한두 번은 생각하기 쉽습니다./ 그러나 매일 부자 될 생각을 하는 사람은 드뭅니다./ 부자의 꿈을 매일 생각하고, 말하고, 적어 보아야 합니다./

둘째, 레버리지(leverage) 합니다./ 남의 힘을 빌리지 않고 모든 일을 혼자서 한다면/ 작은 부자는 될 수 있어도/ 큰 부자는 될 수 없습니다./ 직원을 고용하고, 대출을 이용하고, 운영 시스템을 구축하여/ 부가가치가 높은 분야에서/ 적은 노력으로 최대의 효과를 낼 수 있어야 합니다./

셋째, 금융 지식에 투자합니다./ 아는 만큼 보이고, 아는 만큼 투자합니다./ 부자는 돈을 주고 정보를 삽니다./ 돈을 주고 강의를 듣고, 코칭을 받고, 책을 구매합니다./ 주식과 부동산, 채권, 펀드, 보험 등 모든 것들이 투자 대상이지만/ 가장 효율적인 투자는/ 금융 지식 투자입니다./

넷째, 부자의 인맥을 구축합니다./ '지금 만나고 있는 사람들의 5명 평균 연봉이/ 미래의 연봉이 된다.'라는 말이 있습니다./ 부자의 대열에 오른 사람들과 인맥을 맺고 신뢰 관계를 구축해야 합니다./

다섯째, 위험(Risk)을 관리합니다./ 부자는 계란을 한 바구니에 담지 않습니다./ 분산 투자해야 합니다./ 주식, 부동산, 채권, 저축 등을 통해 현금흐름을 만들어 내야 합니다./ 투자와 투기는 한 글자 차이지만/ 모르고 투자하면 투자가 아닌 투기가 됩니다./

여섯째, 돈나무를 심습니다./ 부자는 한 곳에서만/ 수익이 창출되지 않습니다./ 다양한 방법으로 수익구조를 만들어 냅니다./ 사업, 투자, 이자, 특허등록, 저작권, 금, 연금, 보험 등 다양한 수익원이 있습니다./

일곱째, 건강관리를 잘합니다./ 부자는 규칙적인 생활 습관으로/ 일찍 자고 일찍 일어납니다./ 식사도 규칙적이고 소량으로 먹고/ 과음과 과식하지도 않습니다./ 꾸준한 운동으로 육체를 단련하고/ 독서로 정신력을 단련합니다./

3. 결론

- 전체 내용 요약:

  앞서 말씀드린 내용을 통해서/ 제가 여러분에게 하고 싶은 말은/ 미래의 큰 부자가 되고자 한다면/ '20% 안에 들어가는 생각과 행동을 실천해야 한다.'라는 것입니다./

- 연사의 견해:

  부자는/ 행복과 성공을 모두 거머쥔 사람이라고 생각합니다./ 진정한 부자는 돈을 좇지 않습니다./ 우리 사회의 문제를 찾아서 해결하는/ 해결사 역할을 합니다./

- 주제와 관련된 명언:

  주제와 관련된 명언 중에/ 이런 말이 있습니다./ '부자는 하위 80%가 실천하는 생각과 행동을 절제했기에 누릴 수 있는 혜택이다.'라는 것입니다./ 부자는 탁월한 절제력의 소유자임을 깨달아야 합니다.

- 결심 촉구 및 실천 의지:

  오늘 여기 참석하신 여러분은/ 부자의 비결을 알게 되었으니,/ 하나라도 꼭 실천하여/ 부자의 반열에 오르길 바랍니다./ 감사합니다./

■ 명언 풀이 글쓰기

글쓰기를 잘하는 방법으로 명언 풀이가 있다. 이 방법은 함축된 명언을 각자의 생각으로 해석해서 풀이하면 된다. 이런 연습을 많이 하면 어휘력이 향상되고, 이해력이 좋아진다. 동시에 명품 글쓰기 실력과 고품격 말하기 실력까지 좋아진다. 단 처음부터 해석하기 어렵다고 지레 겁을 먹고 포기하지 않아야 한다.

처음 시작할 때는 유명한 인물의 명언을 풀이해 보고, 그리고 난 후 어느 정도 실력과 경험치가 쌓이면, 직접 만든 명언으로 풀이해 보자.

● 오늘의 명언: **고난이 없으면 성공도 없다. -소포클레스**

● 뜻풀이: 많은 사람이 성공을 원하지만, 그에 따른 대가를 치러야 한다. 고난과 시련 없이는 성공도 없다. 이루고자 하는 꿈과 목표가 크고 원대하다면 시련과 고난 또한 클 수밖에 없다. 남다른 큰 꿈을 가슴에 품었다면 시련기에 꿈을 포기하지 말고, 어떤 대가를 치르면 좋을지 생각해 보자.

● 오늘의 명언: **인생은 한 권의 책과 같다. 어리석은 이는 그것을 마구 넘겨 버리지만, 현명한 사람은 열심히 읽는다. 단 한 번밖에 인생을 살지 못한다는 것을 알고 있기 때문이다. -상 파울**

● 뜻풀이: 누구나 단 한 번뿐인 인생을 알차고 보람 있게 살아가길 원한다. 그런 인생을 살아가려면 계획을 세워야 한다. 인생은 매일 반복된 일상처럼 보이지만, 어제의 하루는 이미 지나가고 없다. 헛되이 보낸 이가 그토록 그리워하는 내일이 되지 않도록 하루를 계획한 대로 알차게 보내자.

● 오늘의 명언: **남의 생활과 비교하지 말고, 네 자신의 생활을 즐겨라. -콩도르세**

● 뜻풀이: 남의 떡이 커 보이는 경우가 자주 있다. 남들은 나보다 앞서 가는 것만 같고, 나만 뒤처지는 기분이 들 때가 있다. 마라톤을 뛸 때 자기 페이스를 유지하면 완주하지만, 남들이 앞서간다고 오버 페이스로 달리면 완주하기 힘들다. 인생도 마찬가지다. 남들이 장에 간다고 거름 지

고 장에 갈 필요는 없다. 남들과 비교해서 분수에 맞지 않는 삶을 살기보다는 나만의 개인성 있는 삶이 더 아름다울 수 있다.

● 오늘의 명언: **교육이란 알지 못하는 바를 알도록 가르치는 것을 의미하는 것이 아니라, 교육은 사람들이 행동하지 않을 때 행동하도록 가르치는 것을 의미한다. -마크 트웨인**

● 뜻풀이: 모르는 것을 알게 되는 것보다 더 중요한 건 배운 내용을 실천하는 것이다. 많이 알고 있어도 행동하는 건 전혀 다른 차원이다. 비록 남들보다 배운 게 적어도 실행력이 앞서면 문제 될 게 없다. 진정한 학습은 알고 있는 것보다 실행력이다.

● 오늘의 명언: **말을 많이 한다는 것과 잘한다는 것은 별개이다. -소포클레스**

● 뜻풀이: 말을 논리정연하게 잘하려면 짜임새 있게 해야 한다. 말은 많은데 핵심이 없으면 횡설수설하다가 끝난다. 말을 길게 오래 한다고 잘하는 게 아니다. 가끔은 침묵이 더 나을 때도 있다. 말이 많으면 쉽게 눈에 잘 띌지는 몰라도 분위기 파악 못 하는 사람으로 낙인찍히기에 십상이다. 말은 적당한 선에서 짧게 끝내는 게 최고의 미덕이다.

● 오늘의 명언: **사람은 아는 만큼 보이고, 아는 만큼 들리고, 아는 만큼 행동한다. 그러니 우리 모두 신지식인이 됩시다.**

● 뜻풀이: 흔히 요즈음 시대를 지식과 정보화 시대라고 한다. 이제 아는 만큼 세상을 크게 보게 되고, 다른 사람의 말이 들리고 되고, 아는 만큼 의욕도 생겨서 실천하게 된다. 배움의 끝이 없는 평생교육의 시대가 왔다. 학교 교육이 끝났다고 배움이 끝난 것으로 착각하는 어리석은 사람이 되면 안 된다. 자신을 타고난 천재라는 사실을 믿고 확신하여 시대

를 앞서가는 신지식인이 되자.

● 오늘의 명언: **인생은 단거리 경주가 아니라 장거리 경주다.**

● 뜻풀이: 때론 남들이 나보다 일찍 출세하면 배 아파한다. '나는 왜 저 사람처럼 성공하지 못했을까?' 세월이 지난 이후에야 깨닫게 된다. 인생은 단거리가 경주가 아니고, 장거리 경주라는 것을 말이다. 큰 성과는 단시간에 낼 수가 없다. 길고 짧은 것은 시간이 지나 봐야 알 수 있다. 큰 꿈을 세워 놓고 단시간에 좋은 결과를 바란다면 포기하기 쉽다. 장기간에 걸쳐서 집념과 끈기를 갖고 도전한다면 이루지 못할 꿈은 없다.

● 오늘의 명언: **산이 높으면 골이 깊다.**

● 뜻풀이: 이루고 싶은 꿈의 크기에 따라서 견뎌내야 할 역경지수는 차이가 난다. 높은 목표를 세웠으면 그에 상응하는 대가가 따른다. 남보다 큰 꿈을 가슴에 품었다면 그에 따른 실패의 관문도 많아지는 법이다.

● 오늘의 명언: **바람이 불지 않을 때 바람개비를 돌리는 방법은 앞으로 달려나가는 것뿐이다. -데일 카네기**

● 뜻풀이: 어떤 일이든 마음먹은 대로 잘되지 않을 때 주변 환경 탓을 많이 한다. 경기가 나쁘다. 대출이 안 된다. 인맥이 부족하다. 물가가 높다. 수많은 핑곗거리를 늘어놓는다. 이런 핑계를 계속 머릿속에 떠올리면 절대로 성공할 수 없다. 환경을 탓하기에 앞서 환경을 극복해 낼 수 있는 지혜를 발휘해야 한다.

● 오늘의 명언: **노력은 이자를 낳지만, 게으름은 연체료를 낳는 법이다.**

● 뜻풀이: 쉬고 싶을 때 쉬고, 놀고 싶을 때 놀고, 자고 싶을 때 잠자는 사람이 성공하는 경우는 드물다. 자고 싶어도 인내하고, 놀고 싶어도 참

아야 좋은 결실의 열매를 얻는다. 어차피 해야 할 될 일이라면 게으름 피우지 말고 바로 실천하자. 부지런하면 이득 볼 날이 많지만, 게을러지면 손해 볼 날이 많아진다.

● 오늘의 명언: **남들이 나에게 해 주길 바라기 이전에, 내가 먼저 상대에게 뭘 해줄까를 고민하자.**

● 뜻풀이: 사람은 누구나 사랑받기를 원한다. 하지만 주변 사람들과 좋은 관계를 유지하려면 내가 먼저 뭘 해줄까를 고민해야 한다. 진정한 배려는 다른 사람에게 베풀고 나서도 기대하지 않는 마음이다.

● 오늘의 명언: **남의 변화를 원하지 말고, 내가 먼저 변화를 보이자.**

● 뜻풀이: 상대의 잘못을 충고하기 전에 세 번 먼저 반성하라는 말이 있다. 내가 먼저 변화를 보이면 주변 사람이 바뀐다. 변화의 시작은 타인이 아니라 나부터 시작한다는 것을 알고 솔선수범하는 모습을 보이자. 그러면 머잖아 인근 지역과 국가를 넘어 전 세계가 바뀔지 누가 알겠는가.

● 오늘의 명언: **성공을 결과물로만 판단하지 말라, 그 과정 중에 느끼는 행복이 더 소중한 것이다.**

● 뜻풀이: 산을 오를 때 정상만을 바라보고 오르면 과정의 행복을 즐기지 못한다. 목표도 마찬가지다. 최종 목표가 달성되는 것만 중요한 것이 아니라, 그 과정 또한 의미가 있고 가치가 있다. 행복을 최종 성과만으로 판단한다면 짧은 순간만 느끼게 된다. '행복은 공기와 같다.' 늘 우리 곁에 있지만, 그 소중함을 몰라 잊고 살아갈 뿐이다. 잠시 호흡을 멈춰보라. 곧바로 공기의 소중함을 느끼게 될 것이다.

■ 카피라이팅 글쓰기

카피라이팅은 상품, 서비스, 브랜드 등을 홍보하기 위한 글을 작성하는 직업이다. 이런 일을 하는 카피라이터는 광고, 마케팅 자료, 웹사이트 콘텐츠, 소셜 미디어 게시물 등 다양한 매체에서 사용될 글을 작성하며, 목표는 독자의 관심을 끌고 행동을 유도한다. 이 직업은 창의적이고 설득력 있는 글쓰기가 필요하며, 마케팅 트렌드와 독자의 심리를 이해하는 능력이 중요하다.

▶ 카피라이팅 글쓰기 전략

✔ 타깃 분석

글쓰기의 첫 번째 단계는 타깃 독자를 분석하는 것이다. 누구에게 글을 쓰는지, 그들의 필요와 관심사는 무엇인지, 어떤 언어를 사용할지 결정해야 한다. 예를 들어, 젊은 층을 대상으로 하는 글과 중장년층을 대상으로 하는 글의 내용은 달라야 하기 때문이다.

✔ 명확한 메시지

카피라이터는 메시지를 명확하고 간결하게 전달해야 한다. 독자가 혼란스러워하지 않도록 주제를 분명히 하고, 핵심 메시지를 강조하는 것이 무엇보다 중요하다. 간단 명료하게 단어를 사용하고, 복잡한 표현은 피하는 것이 좋다.

✔ 강력한 헤드라인

헤드라인은 독자의 관심을 끄는 첫 번째 요소이다. 강력하고 흥미로운 헤드라인을 작성하여 독자가 글을 읽도록 유도해야 한다. 질문 형태의 헤드라인, 감정에 호소하는 문구, 문제 해결을 제시하는 내용 등 다양한 방법으로 헤드라인을 작성해야 한다.

✔ 행동 유도

모든 카피는 독자가 특정 행동을 취하도록 유도해야 한다. 행동을 명확하게 제시하여 독자가 무엇을 해야 하는지 알 수 있도록 해야 한다. 예를 들어, "지금 구매하세요," "자세히 알아보기," "구독하기" 등의 문구를 쓸 수 있다.

✔ 스토리텔링

스토리텔링은 독자의 감정을 자극하고 브랜드나 제품에 대한 친밀감을 형성하는 데 효과적이다. 이야기 형식으로 제품의 가치나 사용 사례를 제시하면 독자가 더 쉽게 공감하고 기억할 수 있기 때문이다.

✔ 감정의 호소

감정은 사람들의 행동을 강하게 유도해낼 수 있다. 긍정적인 감정을 표현하거나 공감할 수 있는 상황을 제시함으로써 구매자가 제품이나 서비스에 더 매력을 느끼게 할 수 있다.

✔ 증거 자료

소비자를 움직이게 하려면 신뢰를 주는 것은 매우 중요하다. 신뢰성을 높이기 위한 전략으로 고객 후기, 사례 연구, 통계 자료 등을 활용하여 제품이나 서비스의 효과를 입증해야 된다.

✔ 일관성 유지

브랜드의 일관된 이미지와 단어를 유지하는 것이 중요하다. 글의 내용과 스타일이 브랜드와 일치해야 하며, 이를 통해 브랜드의 인지도와 신뢰도를 높일 수 있다.

STEP 03

마케팅 전략

"남들이 알아주지 않는다고 불평할 시간에 셀프마케팅하여 찾아오게 만들어라."

- 김상언

사람은 태어날 때부터 뛰어난 능력의 소유자이지만 자신의 존재감을 알리지 못해 그에 맞는 연봉과 가치를 인정받지 못하는 사람들이 의외로 많다. 그 이유는 단지 성격이 소심하기 때문만은 아니다. 마케팅의 중요성을 알지 못하고 있기 때문이다. 예전에는 근무하는 회사명만 말해도 알아주는 시대가 있었다. 이제 그런 시대는 지났다. 자신의 타고난 끼와 재능을 학습을 통하여 탁월한 능력으로 만들어 놓아도 제대로 알리지 못하면 무능력한 사람으로 인식될 수밖에 없다. 성실함과 겸손한 태도로 인생을 살아가면 주변 사람들이 알아서 내 실력을 알아봐 줄 것이라고 생각하면 착각이다. SNS 통한 홍보와 개인 브랜드 전략으로 인풋 대비 아웃풋 할 수 있는 실력자가 되어야 한다

SNS 홍보 전략

개인이 가장 효과적인 소셜 미디어 플랫폼을 선택하기 위해서는 고객을 고려해야 한다. 고객의 필요성을 고려하지 않으면 실패하기 때문이다. 핵심 고객이 누구인지 명확히 정의하고 시작해야 한다. 어떤 연령층, 성별, 지역, 관심사에 관해 홍보할 건지 명확하게 분석해야 한다. 그다음에는 각각 다른 소셜 미디어 플랫폼의 특성을 고려해야 한다. 페이스북은 40~50대 이상이 사용하는 플랫폼이다. 이에 반해 인스타그램은 20~30대가 주로 이용한다. 주로 시각적인 콘텐츠와 패션, 라이프 스타일, 여행 등에 관심이 있는 사용자들에게 인기가 있다.

대부분의 마케팅 담당자는 인스타그램이 잠재 고객 확보율이 높은 플랫폼이라고 응답했다. 또한, 전 세계적으로 뉴스 속보를 위해 가장 많이 방문한 플랫폼은 트위터, 페이스북, 틱톡, 유튜브, 인스타그램 순이라고 한다.

✔ 게시물 맞춤화

각 채널에 맞는 게시물을 작성해야 한다. 채널별로 고객이 다르기 때문에 콘텐츠도 달라져야 홍보 효과를 본다. 각 플랫폼의 특성을 이해하면 팔로워와 공감하고 게시물 작성하는 데 도움이 된다. 챗 GPT와 같은 AI 도구는 각 플랫폼의 고유한 특성에 맞춰 콘텐츠를 만드는 데 유용하다.

✔ 멀티미디어

사진, 영상 등 멀티미디어는 급변하는 디지털 환경에서 필수 요소다. 사람들이 주목하는 시간은 제한되어 있기 때문이다. 영상과 사진은 텍스트 기반 게시물보다 더 시선을 끌기 마련이다. 사진, 영상, 인포그래픽,

GIF와 같은 멀티미디어 요소는 보는 사람의 관심을 끌고 게시물을 돋보이게 한다. 시각적 콘텐츠는 메시지를 빠르게 전달하고 감정을 불러일으키며 반응을 이끌어 내기 때문이다.

✔ 짧은 형식의 영상물

숏폼(short form)은 차별화된 경쟁력을 확보하는 방법이다. 숏폼 영상을 통해 브랜드는 간결하지만 영향력 있는 메시지를 전달할 수 있다. 짧은 영상으로 구독자를 즐겁게 하여 브랜드 인지도를 높이고 구매 전환을 유도할 수 있다.

✔ 청중의 의견 모니터링

청중의 의견을 살피고 제때 응답하는 게 무엇보다 중요하다. 개방형 질문 형식으로 서로 소통하고 도움을 줄 수 있어야 한다. 직접 참여하거나 클릭을 유도하는 문구를 제공한 다음 적시에 응답해야 한다. 이는 참여를 늘리고 관계를 구축하는 데 도움이 된다.

✔ 해시태그 추가

검색 범위와 참여도를 높이기 위해 소셜 미디어 게시물에 해시태그를 추가해야 한다. 해시태그는 유사한 콘텐츠를 그룹화하여 소셜 미디어 플랫폼에서 강력한 검색 도구 역할을 한다. 이를 통해 사용자가 관련 게시물을 빠르게 찾을 수 있도록 도움을 준다. 게시물에 관련 해시태그를 포함하면 뉴스의 검색 가능성이 향상되고 구독자가 늘게 된다.

■ 개인 브랜드 전략

나만의 개인 브랜드를 구축하여 인생 무대의 주인공으로 살아가자.

드라마와 영화를 보면 엑스트라와 주인공으로 배역이 나뉜다. 다수의 배우는 주인공이 되고 싶어 한다. 하지만 모두를 주인공으로 출연시킬 수는 없다. 그래서 어쩔 수 없이 다수의 배우는 일평생 엑스트라 배역만 맡아서 연기해야 한다. 하지만 드라마와 영화 속 장면에서 엑스트라이지 본업을 벗어나면 모두가 주인공이다. 그렇다면 어떻게 살아야 자신만의 인생 무대에서 주인공으로 살아갈 수 있을까?

뚜렷한 목적성을 갖고 일해야 한다. 무대 앞에 서는 것을 즐겨야 한다. 무대 앞에만 서면 떨리고 공포스러운데 어떻게 즐길 수 있을까?

무대에 대한 인식을 개선해야 한다. 무대는 남들보다 잘하는 뭔가가 있어야지만 서는 장소가 아니다. 하고 싶은 말이 있으면 누구나 설 수 있는 자리다. 앉아서 할 수 있는 말을 그냥 서서 하는 것 뿐이다. 내 인생 무대는 남들보다 뛰어난 재능의 소유자가 되어야지만 서는 장소가 아니다. 내세우고 싶은 주장이 있으면 마이크를 잡고 인생 무대를 즐길 줄 알아야 한다.

그런데 왜 꼭 무대에 서야 할까? 나를 많은 사람에게 알릴 수 있는 홍보 수단이자, 몸값을 올릴 수 있는 기회의 장이기 때문이다. 이제 스스로를 홍보하지 않으면 몸값도 낮을 수밖에 없다.

이렇게 좋은 인생 무대의 기회를 누구는 누리면서 살고 또 다른 이들은 그 방법이 있는지도 모른다. 예전에는 사람들에게 홍보하는 건 중소기업이나 대기업의 준하는 업무에 속했다. 하지만 이제는 SNS의 발달로 쉽게 도전할 수 있다. 개인 브랜드를 구축한 사람과 그렇지 못한 사람으로 나뉜다. 이제 홍보가 중요하다고 해서 막무가내로 인터넷에 노출시키면 오히려 역효과만 날 수도 있다. 그래서 그에 따른 전략이 필요하다. 이것이 바로 개인 브랜드 전략이다.

개인 브랜드 전략(Personal Brand Strategy)은 개인이 자신을 하나의 상품처럼 관리하고, 자신의 가치를 올리기 위해서 시장에 알리는 것을 의미한다. 기업이 새로운 제품이나 서비스가 나오면 홍보하는 것처럼 개인도 자신의 이미지와 전문성을 알려서 부가가치를 높일 수 있는 시대가 되었다.

결국, 개인 브랜드를 구축하는 방법은 자신이 어떤 사람이고, 무엇을 위해 존재하는 사람인지에 대한 뚜렷한 목적을 주변 사람에게 설명할 수 있어야 한다. 어떤 비전을 갖고 있고, 어떤 가치관을 가졌고, 무엇을 목적으로 인생을 살아가고 있는지가 분명해야 한다.

모든 고객은 제품과 서비스를 구매할 때 브랜드를 보고 지갑을 연다. 제품에 대한 지식이 없는 사람일수록 브랜드에 의존한다. 이와 마찬가지로 개인도 자신만의 브랜드를 구축해야 생존할 수 있는 시대가 되었다.

개인 브랜드를 구축하면 어떤 좋은 점이 있을까?

믿음이 생긴다. 새로운 제품과 서비스를 소개되더라도 누가 홍보하느냐에 따라서 소비 심리에 영향을 준다. 아직 어떤 제품인지 써보지는 않았지만 소개하는 사람을 믿기 때문이다. 이처럼 개인 브랜드를 구축하면 어떤 말을 해도 신뢰와 믿음이 생긴다. 이런 전략을 내세워서 기업은 유명한 연예인을 출연시켜 홍보하는 데 전력을 다한다.

정체성이 확립된다. 사람이 태어나서 아무런 정체성을 확립하지 못하고 인생을 살아간다면 무슨 의미가 있을까? 생각만 해도 끔찍하다. 인생은 각자 자신만의 존재적 가치를 만들어가는 것이 무엇보다 중요하다. 그런 의미에서 개인 브랜드를 구축한 사람은 자아 정체성을 뚜렷하게 확립할 수 있게 된다.

핵심 고객이 정해진다. 인생을 살면서 자신이 누군가에게 영향력을 주고 있는지를 분명하게 알면 모든 방면에서 편리하다. 광고 비용도 적게 들고 핵심 고객에게 질 높은 서비스를 제공할 수 있다. 기업도 제품과 서비스를 소비자에게 제공할 때 누군가에게 그 가치를 제공할지 무턱대고 만들지는 않는다. 고객 세분화를 통해서 맞춤 서비스를 제공한다. 이처럼 개인 브랜드를 갖춘 전문가가 되기 위해서는 고객 세분화를 통해 질 높은 서비스를 제공할지 명확하게 설정하고 시간과 노력을 투자해야 한다.

이제 소비자는 브랜드를 믿고 구매하는 시대다. 서비스가 편리하고 제품의 질이 우수할 거라고 기대하기 때문이다. 고객의 기대가치보다 사용가치가 월등히 높아야 고객의 마음을 사로잡을 수 있다. 이처럼 개인 브랜드를 구축해 놓으면 경쟁력에서 앞서갈 수밖에 없다.

개인의 몸값이 올라간다. 브랜드가 구축된 제품과 서비스는 비싸다. 제품값이 비싸더라도 그만한 가치가 있다고 소비자가 판단하기 때문이다. 또한, 새로운 신제품이 출시되더라도 기존 브랜드 이미지가 구축되어 있기에 쉽게 소비자가 구매한다. 이처럼 개인 브랜드 전략으로 특정 분야에 전문성을 인정받았다면 몸값은 올라가기 마련이다.

결국, 개인 브랜드 전략으로 사업에서 성공하려면 다음 세 가지를 명심하고 실천해야 한다.

첫째, 자신에 대한 믿음과 확신이 있어야 한다. 어떤 사업이든 된다는 믿음이 있어야 한다. 물론 근거 없는 맹신이 아니라, 이유와 증거를 바탕으로 타인을 설득할 수 있을 때 확신이 생긴다. 이런 믿음이 싹트기 위해서는 자신과의 약속 이행으로 스스로에 대한 신뢰가 쌓일 때 가능하다.

둘째, 특별한 장점을 발견하여 차별화 전략을 세워야 한다. 사람은 누구나 장단점의 소유자이다. 이 중에서 어디에 초점을 맞추고 인생을 사느냐에 따라서 미래의 가치가 달라진다. 일단 잘하는 것부터 돋보이게 만들어 놓고, 못하는 것은 그 다음에 보완해도 늦지 않다. 자신의 장점에 초점을 맞추고 더 많은 시간을 투자해야 한다. 또 차별화 전략을 세우기 위해서는 남들이 생각지도 못한 새로운 차원의 도전을 시도해야 한다. 이런 기업가 정신을 갖춘 사업가로 변신하기 위해서는 블루오션 전략 네 가지 질문에 답할 준비를 해야 한다. '무엇을 제거할 것인가?' '무엇을 감소할 것인가?' '무엇을 증가시킬 것인가?' '무엇을 창조할 것인가?'에 대해 답할 준비가 되어 있어야 한다. 그렇게 되기 위해서는 환경 변화에 앞장서고, 배움의 끈을 놓지 않고 시간 투자해야 한다.

셋째, 스스로 깨달음을 통해 주변 사람에게 좋은 영향력을 줄 수 있어야 한다. 깨달음은 바로 이기심을 버리고 이타심을 발휘할 수 있는 마음의 상태를 의미한다. 쾌락주의 삶을 버리고 의미와 가치성을 추구하는 삶을 뜻한다. 자기초월적인 욕구를 발휘하기 위해서는 이 세상을 살아가는 삶 속에서 혼자가 아닌 더불어 살아간다는 것을 깨달아야 한다. 그래야지만 선한 영향력으로 주변 사람들에게 리더십을 발휘할 수 있다. 개인 브랜드로 출세한 사람이 자신의 이익만을 추구하고 사회 공헌을 하지 않는다면 아직 인격적으로 덜 성숙한 사람이기 때문이다.

넷째, 성장 마인드셋의 소유자가 되어야 한다. 머물러 있지 않고 끊임없이 배우는 성장 마인드를 갖춘 CEO가 되어야 한다. 성장 마인드셋의 핵심은 배움 즉, 학습이다. 1인 창업자로 개인 브랜드 전략을 세우고 있다면 지식 창업자가 되어야 한다. 여기서 말하는 지식 창업자란 사람들이 가치 있다고 여기는 분야를 찾아서 그와 관련된 책을 읽고 몰입하여 전문성을 쌓고, 창의성을 발휘하여 새로운 비즈니스 모델로 사업을 추진하는 것을 의미한다. 고객의 요구 사항과 문제를 해결하기 위하여 그 분야에 관해 연구하고 개인 브랜드를 구축하여 주변 사람들의 고민과 문제점을 해결하여 수익을 창출하는 사람이다. 이런 지식 창업자의 자질을 갖춘 사람이 되기 위해서는 다음 일곱 가지 핵심 역량을 쌓고 실천해야지만 진정한 지식 창업자로 거듭날 수 있다.

첫째, 경험(storytelling)

지식 창업자는 현물로 따질 수 없는 무형의 자산으로 시작하기에 경험이 곧 실력이다. 다양한 경험을 통해서 실력을 축척해 나아가야 한다. '실패도 실력이다.'라는 말이 있다. 어떤 실패가 되었던 반드시 단서를 남긴다. 실패 통해 배우고 다시 다른 방법으로 도전하기 위해서는 그 분야의 전문가를 찾아가 도움을 요청해야 한다.

둘째, 기술(skill)

나만의 차별화된 제품과 서비스를 만들어서 고객에게 제공하여 인정받으려면 기술을 보유하고 있어야 한다. 고객의 문제가 무엇인지 파악하고 그 문제를 해결해 줄 수 있는 실력을 갖춰야 한다. 노래를 좋아하는 사람과 노래 전문가가 되고 싶은 사람은 노래 연습부터 차이가 난다. 노래를 좋아하는 사람은 1시간 노래를 부를 때 여러 곡을 불러도 되지만, 노래 전문 가수가 되고 싶다면 한 곡을 선정해서 1시간을 불러야 한다. 이처럼 남다른 실력을 갖춘 전문가가 되기 위해서는 집중, 반복, 끈기를 절대 잊어서는 안 된다.

셋째, 플랫폼(platform)

정보 통신 기술의 발달로 이제 오프라인에서 온라인으로 유형자산에서 무형자산으로 비중이 높아지고 있다. 이제는 플랫폼이 기업의 성패를 좌우하는 핵심 요인으로 자리 잡고 있다. 지식 창업자에게 필수적인 플랫폼으로 페이스북, 인스타, 유튜브, 블로그, 카페 네 가지를 꼽는다.

넷째, 의미(meaning)와 가치(value)

일에서 의미와 가치를 발견해야 한다. 일한다는 것에 대한 관점의 전환이 필요하다. 수익 창출도 중요하지만 무엇보다 다른 사람들에게 선한 영향력을 행사하는 직업관이 형성되어야 한다. 일하는 그 모든 활동은 고객에게 필요한 제품과 서비스를 제공한다. 일 자체에서 개인이 추구하는 삶과 일치해야 의미와 가치를 느낄 수 있다.

다섯째, 목적(purpose)

큰 꿈을 세우고 나서는 사업의 목적을 분명하게 세워야 한다. 그리고 나서는 구체적인 목표를 설정하고 다시 세분화된 계획을 세워야지만 끈기 있게 실천할 수 있다. 사업의 목적이 불분명하면 금방 포기해 버린다. 절대 사업의 목적이 수익 실현이 될 수 없다. 그 이유는 돈을 좇아서 일하는 게 목적이 되기 때문이다. 진정한 사업 목적은 고객의 문제점을 해결할 수 있어야 하고 고객에게 가치를 제공할 수 있어야 한다.

여섯째, 이미지(image)

개인 브랜드를 구축한 지식 창업자로 거듭나려면 남다른 이미지를 구축해야 한다. 여기서 말하는 남다른 이미지란 차별화 전략과 틈새시장을 공략하는 블루오션 전략이다. 지금 하고 있는 일에서 무엇을 제거하고, 증가하고, 감소하고, 창조할지 매번 결정해야 한다. 진정한 사업가는 경쟁에서 벗어나 창조를 할 수 있을 때 탄생한다. 아직도 다른 사람들의 성공이 배 아프거나 질투가 난다면 좋은 이미지 구축에 실패한 사업가이다.

일곱째, 홍보(promotion)

뛰어난 재능과 능력을 소유하고 있어도 그것을 홍보하지 않으면 고객에게 가치를 제공할 수 없다. 고객이 찾아오기를 기다리지 말고 스스로 고객을 찾아 나서야 한다. SNS에 모든 수단을 동원해서라도 셀프 홍보와 마케팅해야 한다. 고객이 찾아오거나 알아주기를 기대하지 말고 적극적으로 홍보하자. 홍보에 투자하는 시간과 비용이 아깝다는 생각이 든다면 아직 그 중요성을 깨닫지 못하고 있는 것이다.

오픈 마인드셋

저 자	김상언
발행일	2025년 2월 25일
발행처	**한경사**
발행인	이계남
등록사항	제10-1951호 2000년 4월 14일
주 소	서울시 마포구 신수로 59-1 3층
전화번호	02_717_7264~5
팩스번호	02_717_7226
홈페이지	hankyungsa.co.kr
전자우편	hankyungsa@hanmail.net
ISBN	978-89-6844-514-9 03320
가 격	25,000원